南京大学

程 序·著

符号江苏·口袋本

NANJING DAXUE

江苏凤凰美术出版社

图书在版编目（CIP）数据

南京大学/程序著. -- 南京：江苏凤凰美术出版社, 2024.2
（符号江苏：口袋本）
ISBN 978-7-5580-9966-3

Ⅰ.①南… Ⅱ.①程… Ⅲ.①南京大学-校史 Ⅳ.①G649.285.31

中国国家版本馆CIP数据核字（2023）第199305号

责任编辑	舒金佳
助理编辑	李 瑶
设计指导	曲闵民
责任校对	郁周凌平
责任监印	张宇华
责任设计编辑	赵 秘

书　　名	南京大学
著　　者	程　序
出版发行	江苏凤凰美术出版社（南京市湖南路1号　邮编：210009）
制　　版	南京新华丰制版有限公司
印　　刷	南京新世纪联盟印务有限公司
开　　本	787mm×1092mm　1/32
印　　张	6.125
版　　次	2024年2月第1版　2024年2月第1次印刷
标准书号	ISBN 978-7-5580-9966-3
定　　价	45.00元

营销部电话　025-68155675　营销部地址　南京市湖南路1号
江苏凤凰美术出版社图书凡印装错误可向承印厂调换

"符号江苏"编委会

主　任　张爱军

副主任　赵金松　章朝阳　胡　竹　徐　海

委　员　张潇文　樊　明　陈　敏　龚文俊
　　　　周　彬　王林军　刘沁秋　白立业
　　　　徐　辰　舒金佳

目 录

序 …………………………………………… 001

上篇　来路

第一节　江派两三开后世，梅香一味记先贤………… 004

第二节　高范垂师动天下，长江绕郭美东南………… 014

第三节　中央金紫无伦日，家国苍黄有训时………… 027

第四节　真金陶冶自多彩，陈玉磋磨更裕光………… 043

第五节　梁菽南园朝大道，春秋前事论平心………… 054

第六节　匡正知能破条框，钦高识敢踏岖嵚………… 067

下篇　前程

第一节　一贯百年称极盛，无穷微妙探精尖………… 083

第二节　脉脉春风放朝蕊，欣欣老木育新枝………… 097

第三节　随时代博以增广，迎世界和而不同………… 110

第四节　请看石上藤萝碧，正映庭前钟鼓清………… 122

第五节　是处英才夺日魄，谁家幽梦诉兰心………… 145

第六节　北浦东林齐卓荦，南雍中国向辉煌………… 161

跋 ……………………………………………………… 186

序

坊间有一种说法，著名历史学家翦伯赞当年在北京大学上历史课，一节课讲了中国上下五千年，精彩纷呈，效果奇佳。其实，历史是最难讲的一个知识门类，不同于小说虚构可以天马行空，一大堆史实要甄别和挑选，然后贯通成故事线索展开。所以，英国史学大家科林伍德断言，历史就是过去在史学家心中的重演。要重演过往纷繁复杂的历史，哪怕是一所高校，也着实是件难事！

程序博士的这本小书纵横捭阖，将南京大学百廿历史娓娓道来，他透过历史尘埃透视这段独特历史中的人与事，给人诸多启迪，使人对这所与中国现代性密切相关的高等教育机构的发展产生浓厚兴趣。全书分为上、下两篇，上篇着重于南京大学过往历史发展脉络的陈述，下篇聚焦于南京大学面向未来学科发展的具体场景，既有历史概述，又有个案分析，读来既长知识，又兴味盎然。全书图文并茂，不但有轻松的文字叙事，亦有精选的图片视觉呈现，文字与图像构成了一种互文性的对话，近距离地再现了历史的时空场景。尽管一些故事是"老南大"们耳熟能详的，但也不乏作者自己新发现的一些事件和细节,对于一般读者来说,一定会更有兴致。

一所高校自有其独特的历史和学术传统。像南京大学这样中国最早的官办大学,"百年老校"不足以揭示其丰富复杂的办学历史,也无法呈现其独特的历史风貌。作者在这方面很是用力,在深究史实发现节点的过程中,勾勒出南大特有的学术传统,进而彰显出"南大人"特有的精气神。所以,当读者进入本书阅读的时候,也就是进入南大的鲜活历史,沉浸于薪火相传的丰厚学术传统,读来令人印象深刻。

晚近一种说法是"讲好中国故事",其实各行各业甚至各个高校,都有说好自己故事的难题。我想程序的这本小书就是一个说好南大故事的一次有意义的尝试,他透过自己的独特视角来看南大,并将自己的视角与更多的视角贯通,在"视域融合"中建构了一个叙述南京大学历史的叙事方式和故事结构。毫无疑问,这本书对关心中国高等教育和南京大学历史的读者来说,是一本值得一读并细心体会的书。

是为序。

周　宪

2023 年 8 月

上篇

来路

扬子江浩浩江水，日日夜夜无穷无休地从南京城边绕过。立于江畔城头，不知多少才人学士感慨万千，而绝大部分是怀古。这也难怪，谁叫南京是"十朝都会"呢。何况不知过往，也无以明当下、谋将来。所以本书上篇，主要介绍南京大学之历史。今日的南京大学有两个起源：一为公立高校之冠冕，一为私立大学之翘楚。花开两朵，先表公立这一枝。

中国是世界上最早推行官办高等教育的国家之一，南京在这方面自是积淀深厚。公元4世纪初，东晋王朝就设太学于此，10世纪的南唐王朝在秦淮河滨首开国子监，而14世纪下半叶明太祖所设国子监，学生数以万计，规模可能为当时世界第一。不过，现代意义上的中国高等教育则是西方势力扩张与中国本土文化相互作用的产物。这一历史阶段的全面开启以鸦片战争为标志，其结果是清政府被迫在南京静海寺签署了第一个不平等条约——《中英南京条约》。中国近代史就此在南京拉开了序幕。

面对此3000年未有之大变局，19世纪60年代起，清王朝一批务实干练的官员推行"洋务运动",设立新式学堂。南京亦不乏其例,其中1890年设立的江南水师学堂,为中国近现代最伟大的文学家鲁迅曾就读之所。

1898年戊戌变法所建之京师大学堂等一批学校,标志着中国现代教育事业的开端。及至1901年,经历了八国联军入侵的清政府终于试行"新政",明令各省兴办各级学堂。于是,在几任两江总督的接力推动下,三江师范学堂得以建立,这就是今天南京大学的前身。

第一节　江派两三开后世,梅香一味记先贤

长江河道众多,古人有九派之说。南京段的江水倒没有这么纷杂,分两三派是正常情况,故标题曰"江派两三",同时分别指代学校草创时期的名称,即1902年建校时的

两江师范校园全貌图,两栋主要建筑依其形状分别被称为"一字楼"和"口字楼"

"三江师范学堂"(简称"三江师范"),以及1905年更名的"两江优级师范学堂"(简称"两江师范")。

"梅香一味",代指此阶段对学校创建和发展贡献最为卓著的四人:"梅"是两江师范监督(即校长)李瑞清,因其号梅庵。另外三人皆为时任两江总督,"香"指张之洞,因其号香涛,时人亦称其"香帅";"一"指刘坤一;"味"(魏)指魏光焘。兹将其实绩按时间顺序概要陈说如下。

谋事者刘坤一(1830—1902),字岘庄,湖南新宁人,曾先后两度出任两江总督,历十数年,最后病逝于两江任上。他一向重视新式教育,1902年5月8日,邀请张謇、缪荃孙、罗振玉等江苏学者、名流商议兴办学堂事宜,达成了开办高等学堂自师范类起步的共识,原因是师范教育所耗经费较小。两江辖区虽为全国最富庶地区,办教育的最大掣肘却还是经费,可见当时中国国力之孱弱。5月15日,刘坤一会同江苏巡抚、江苏学政上奏《筹办江南省学堂大略情形折》;5月30日,再上《筹办学堂情形折》,呈请在南京设立师范学堂。这"一议二折"开辟了南京大学

刘坤一

1903年3月,张之洞在江宁府衙举行三江师范学堂开学典礼

建校的源头。

可惜出师未捷身先死,是年10月刘坤一即病逝。说来也巧,在与群贤讨论兴学的当日,刘坤一便给湖广总督张之洞致信介绍了会议情形。而接刘氏任两江总督者,正是张之洞。前者未竟之事业,在后者手上基本实现。乍看仿佛冥冥之中自有定数,其实正说明历史潮流,浩荡不可挡也。

成事者张之洞(1837—1909),字孝达,河北南皮人,长期总督湖广,是洋务运动和新政的实干家。与刘坤一一样,他也曾两度任两江总督,二人之两度任期时间上恰相衔接。张之洞第二次任两江总督时长不过四个半月,且在刚上任一个月之际便收悉了朝廷将派遣自己另有他用的决定,自然明白此任基本为过渡性质。但是,他还是主抓推动了不少大事,体现了一代名臣的责任感。也可以毫不夸张地说,张氏此番任上所催督促成者,必是其心目中最迫切、最重要、最有意义之事。三江师范学堂的设立，就是这样的一件事。

在短短的四个半月时间中，三江师范学堂就基本完成了建章立制、选址购地、择工筹款、延揽师资等各项筹备工作。1903年2月5日，张之洞向朝廷正式上《创建三江师范学堂折》；3月，借江宁府署举办三江师范开学典礼；当月下旬，张之洞便正式卸任，调往北京。穿过历史年谱平淡记录的表面，稍用心者不难体会到其中筚路蓝缕之情势以及雷厉风行之手段。领导者的思考力与执行力任一方面稍有欠缺，恐怕此事就难成。也无怪时人视张之洞为"当今第一通晓学务之人"[①]，后来者视之为三江师范学堂的主要创立者。

毕事者魏光焘（1837—1916），字午庄，湖南邵阳人。1903年3月，他自云贵总督任上调任两江，最终完成了三江师范的创建工作。有人说他在创建学堂之事上是"萧规曹随"，因为前任已经筹备得万事俱备、只欠东风，但话说回来，有时天意不顺遂，偏来个西风北风抽风，以致功败垂成的例子，历史上也不鲜见。所以，魏光焘仍然是股东风，亦颇值得肯定与庆幸了。并且魏氏也做了大量工作，体现在以下方面：首先，在制度上完成了学校的章程

---

① 清廷管学大臣张百熙语。

1904年的一张合影,前排居中和左一分别为张之洞、魏光焘;左二、右一分别为参加过刘坤一建校谋议的缪荃孙(三江师范学堂首任总稽查)、张謇

设置,颁布了共15章的《三江师范学堂章程》,内容涉及办学宗旨、课程设置、学制安排、职员分工、后勤保障、纪律奖惩等各项内容;其次,在硬件保障上克服各种困难,完成了筹款及校舍建设;再次,在人员上完成了师生的聘招工作。自张之洞始,三江师范学堂首批教师的聘请与学生的招录都进行了不止一次,最后共计聘得中国教员70人、日本教员11人,招得学生300人。

在上述三点的基础上,三江师范学堂终于正式开学。值得回味的是:三江师范的创建过程中有过三次开学。第一次是前文所述的张之洞在江宁府署,张氏亲临仪式并与相关人员合影。第二次是1903年6月25日，魏光焘已接任两江总督。此次开学尚无学生，实为中日教习互相教练、互换知识。第三次是1904年11月26日，学生正式入学上课。

开学三次似乎不太严肃，其实这正体现了教育机构的特点。学府与政府不同，昭告天下、举办典仪固然重要，但不一定以之作为标记性的历史象征。高等学府最为看重者还是以人为核心的师承渊源。如张之洞所云："考学校者固当考其规制之所在，尤当观其精神之所寄，精神有不贯，规制亦徒存耳。"[①] 这是教育界的"正名"。查牛津、剑桥、哈佛、耶鲁等世界名校之起源，或尚为教会课堂、或尚为私塾联盟、或尚未招收学生、或尚未确定校名、或尚无校长、或尚无校舍，似乎很不正式，却不妨碍诸校将建校之始定于当年，因为重要的是教育火种已然播下，学脉也已生根发芽开花结果而传承至今。同样，三江师范草创之时虽仅相当于初级师范水准，却已如泉水汩汩择地而出，汇聚成流而开今日南京大学之先河，正所谓弟子不必不如师也。且尤为关键者，学校开创初期，幸得一核心人物，启师承，树标杆，立功立言立德，学脉遂得后世师生认同，故能屡遭颠仆而不绝如缕，终至绵延壮大。此人便

---
① 朱有瓛主编：《中国近代学制史料》第二辑上册，第45页，华东师范大学出版社，1987年版。

是人称"清末民初,学术界教育界无不知清道人之名"①中的"清道人"李瑞清。

李瑞清

执事者李瑞清(1867—1920),字仲麟,江西临川人,近代著名的教育家、书法家。他是魏光焘麾下幕僚,魏氏在教育事务上对他十分倚重。1905年,三江师范学堂改名为两江优级师范学堂,其中的"优级"二字,系与"初级"相对,体现了将学堂改造为真正高等学府的雄心。1906年,李瑞清受命任学堂监督(校长),果然不辱使命,数年间即取得斐然成就,时人谓"中外教授及江南弟子千数百人,服其诚悫,教育成绩,评者推为东南冠冕"②。这与李瑞清作为一名真正的教育家所体现出的先进办学理念和杰出人格魅力密不可分。

就办学理念而言,他认真了解和学习世界先进教育模式,并立足实践予以发扬,如:改革学制,开办优级本科之"公共科"与"分类科"(大致相当于后来的公共课与

---

① 石三友《记清道人》,原载《金陵野史》,转引自张宏生主编《南大,南大》,南京大学出版社,2002年版,第79页。
② 柳肇嘉《清道人传》,载《清道人遗集》,1939年铅印本,第219页。

专业课),囊国学、科学、艺术门类,增加科学课程的分量,这点跟上了近代高等教育专业课程设置的节奏。他尊重人才,礼贤下士,视学生为家人子弟,爱之深、期之切,立"嚼得菜根,做得大事"之校训,这点又与中国优秀传统文化一脉相承。中外优秀品质的结合,使得两江师范在其带领下成为"江苏的最高学府,南方各省师范学堂的模范"①。

李瑞清书法手迹

就人格魅力而言,两江师生及李瑞清友人后辈追忆者甚多。单表1911年,武昌起义爆发之后,全国震动,时局不明,南京城内文武官员纷纷弃职逃跑。据记载,时任两江总督张人骏、江南提督张勋正相对焦急感叹,忽然听到"风送校舍振铃声",原来是李瑞清抱殉职之志,带领两江师范学堂"弦诵未辍",

---

① 松本孝次郎:《南清教育近况》,日本《教育学术界外报》,明治43年9月,21卷,第6号,第95—99页。

不由大赞"好男子"[①],委任他为江宁布政史,约略相当于江苏省副省长之职。而当时学堂学生反清情绪已然高涨,剪辫者众多,张勋下令"剪辫者杀无赦!"此时李瑞清则以职务之便,设法营救并自出资金将学生护送出城。新军攻打南京时,美国、日本的领事馆和一些外国传教士曾邀李瑞清到外国兵舰暂避炮火,遭其拒绝,因其以托身外国人荫庇为羞。实际上,当时革命党人亦下令攻下南京后不得伤害李氏。可以说,李瑞清的人格赢得了旧派新党和国人外方的一致尊重。

李瑞清与陈三立合影。陈三立亦曾任三江师范总稽查

革故鼎新之际,李瑞清辞职,将所管藩库十数万两库金及两江师范学堂清册一一点交封存后,寓居上海,直至逝世。学校于是群龙无首,加之时局混乱,师生流散,只得暂时封闭学堂,仅留几个员工看守校舍。

民国成立之后,李瑞清仍坚不肯就职,因其自认既

---

① 事载蒋国榜《传略》,载《清道人遗集》,1939年铅印本,第99—100页。

2022年8月,南京大学在李瑞清江西故里设立梅庵书院创新实践基地

食清廷之禄,理应不就民国事。有评论认为这是封建式愚忠,但查其授课时曾在学生试卷上有"此卷颇喜其有言论自由、学术独立之概"①之批语,较其三江同事兼挚友陈三立之子、国学大师陈寅恪倡导"独立之精神、自由之思想"还早出20年许,可见其思想并非一味守旧。他晚年自号"清道人",既含自己名字,似又怀不忘前朝之意,可能还更有一表自己光风霁月之胸怀的意思吧。李、陈二公都是江西人,他们的行事风格也颇有些相似,一如朱熹

---

① 李瑞清:《诸生课卷批》,《清道人遗集》,第139—141页,上海中华书局,1941年版。

当年展开地域攻击时所说的"江西人好拗"。几百年后，朱子的老家婺源却也从安徽划归至江西管辖，夫子如有知，心里该是何般滋味？但两江师范后来恢复办学，相信夫子在天之灵又必较他人更觉欣慰，因为学校恢复后的首任校长，便是婺源人。

第二节　高范垂师动天下，长江绕郭美东南

学校关门，学脉却未绝散，蛰伏一时而终恢复，甚而较前更为勃兴。故标题有"高范垂师"之语，既表对学校先贤高德丰功的赞美，又含学校恢复办学时的名称"南京高等师范学校"（简称"南高"）。一时俊彦云集，名动

南京高等师范学校与东南大学并立时期的校门

天下,并非虚言。"美东南",指代学校进一步发展时的名称"国立东南大学"(简称"东大")。配以"长江绕郭",不独表"六朝古都"之形胜,亦带出此阶段学校最重要的两位校长——硕儒江谦和教育家郭秉文,更意欲展示在以两位校长为代表的先贤努力下,学校水平稳步登高、志向不断拓远之蓬勃气象。

1912年1月1日,南京再一次见证中国历史,中华民国临时政府在此宣告成立。2月,清帝退位。4月,南北统一,政归北京政府。大局初定后,两江师范的师生曾多次发起复校运动,皆因形势反复、经费不足等原因,一直延宕两年多,至1914年8月30日,南京高等师范学校终获准筹办,又历一年而正式招生开学。从两江师范到南高期间,世易时移,虽为赓续,但具体实施过程的纷繁复杂,难度实不下于再造。而立再造之首功者,婺源江谦也。

复事者江谦(1876—1942),字易园,号阳复居士。早年受业于南京,精于音韵之学,是汉语注音字母的先驱之一。民国成立后曾任安徽省议会副议长、国民政府众议院议员、江苏省教育司长等职。江谦作为南高时代的第一

江谦

任校长，将建章立制、人才延揽、校舍修葺、设备添置等工作一一历遍，可谓甘苦备尝。1915年8月11日，两江师范旧舍基本修葺完毕，师生到位，南高之教学自兹正式开始。此时，距离两江师范封校已近4年。

大学因战争、瘟疫、动乱等不可抗因素而暂时关闭，在世界教育史上并不罕见，剑桥大学等皆有此经历。而民国代清之际，全国的公立学堂都被暂时停办。两江师范的特殊之处，在于其恢复办学时更换了校名，给后人以重新建校之观感，其实这是按规定改名。民国肇建，新设立的教育部重新修订学制，明令各优级师范学堂改为高等师范学校，由省立改为国立，监督改称校长，更规划在北京、南京、武昌、广州、成都、西安六地筹设高等师范学校（有人认为我国真正的近代高等教育实始于此）。1912年遂改京师优级师范学堂为北京高等师范学校、改四川优级师范学堂为四川高等师范学校、改两广优级师范学堂为广东高等师范学校。以此类推，由两江优级师范学堂而至南京高等师范学校，与前述诸校一样，顺理成章，均为同一实体之升格。所不同处，两江师范因具体形势，恢复需要时日，因此未能及时正式开办。

旁扯此节，旨在说明。由于中国近现代史的曲折跌宕，中国大学的发展过程也随之历经沧桑，兴废拆并、更名易址司空见惯。这给后世溯源寻宗的工作增加了难度，也提供了空间，其中部分高校的操作引发了若干不无道理的批评。

回到江谦主题。1914年7月15日，江苏民政长韩国钧委任他为两江师范学堂校长；同年9月2日，又任命他为南京高等师范学校校长。一个半月间，以一身而得2份校长任命状，也从组织人事角度证明了南高之于两江师范的承继关系。

江氏主南高后，在校园年逾千龄的六朝松旁建草舍（一说为校园故庐），命名为"梅庵"，正两江师范监督李瑞清之号，并将李氏倡导的"嚼得菜根，做得大事"八字校

庵

训制成木匾悬于门首。此举明示宗风，在精神内涵上建立了两任校长、两个时期的传承脉络，为后来者垂范。因之，20多年后出版的《国立中央大学十周年纪念册》中大事记第一行仍记录如是："清光绪二十八年（1902）张之洞先生创建三江师范于南京。"可见这便是学校师生的集体认知与记忆。

江谦多病，实际主持校务的时间并不太长，但至1918年3月他修养退居之时，学校教职员工数已增加两倍，学科也在国文、理化两大类上增加了体育、工艺、英文、农业、商业和教育等专修科，为后来综合性大学的建设奠定了基础。

江谦还为南京大学留下了一个重要遗产，那就是由他作词的南高校歌，现在仍是南京大学校歌。歌词曰：

> 大哉一诚天下动，
> 如鼎三足兮，曰知、曰仁、曰勇。
> 千圣会归兮，集成于孔，
> 下开万代旁万方兮，一趋兮同。
> 踵海西上兮，江东，
> 巍巍北极兮，金城之中。
> 天开教泽兮，吾道无穷，
> 吾愿无穷兮，如日方暾。

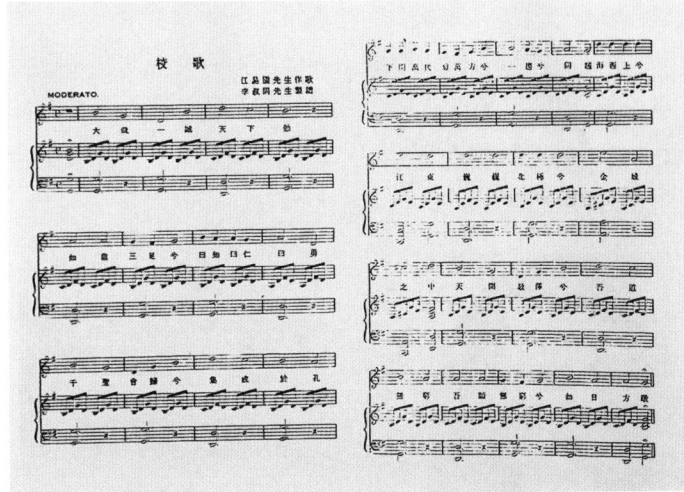

南京大学校歌词曲

校歌作曲是一代才子高士李叔同。李氏1915年应邀在南高执教图画、音乐课，结果学生把这些课看得比国文、数学还重。1918年，他在杭州出家，号弘一法师。从创作时间看，这首校歌当属法师在尘世间的封笔作之列。江氏晚年也潜心研究和弘扬佛教，倡儒佛合一之论。不知二人是否在当初合作校歌之时，就已心意相通？如今每逢学校举行重大活动，师生齐唱两位前贤合作而就的校歌时，悠扬的旋律载着古雅的文辞，从新时代才俊的口中飞出，100多年之后，仍可使人强烈感受"长亭古道"的历史幽思和"吾道无穷"的文化自信。

抗战期间，江谦被迫四处逃难，终与李瑞清一样，逝世于上海。回顾江校长业绩，不但承前有光复之功，启后更有光大之能。他慧眼识才，甫一上任就聘请在美留学尚未毕业的郭秉文为教务主任，信任有加。其后，郭秉文接任校长，果然将学校带到了前所未有的高度。

郭秉文

兴事者郭秉文（1879—1967），字鸿声，江苏省江浦县（今南京市浦口区）人。1914年获美国哥伦比亚大学哲学博士学位，其博士论文《中国教育制度沿革史》为中国教育制度史的开山之作。对于郭氏主持校务8年之成就，旁观的日本教育史家有言道："当时留美归国学生集中于南京高师及后来的东南大学，形成新教育的中心。"①

所谓"新教育的中心"绝非滥美，学校堪留名青史的业绩包括但不限于：

学科综合性第一。自南高创建，郭秉文即以教务主任之角色，主持学校的学科设置。至1920年，学校已共设

---

① 阿部洋：《美国教育交流的轨迹：国际文化协力的教训》，霞山会，1986年版，第9页。

1915年10月，中国科学社第一届董事会合影。其成员基本都与学校有深厚渊源

立8系8科，远超教育部关于高等师范学校的章程所限。郭校长又促成留美中国学生所创的"中国科学社"迁址南高校园，为学校赢得"中国科学社大本营"之誉。

事实证明郭氏此举确有先见之明。五四运动以后，教育界掀起改高师为大学之热潮，南高顺理成章，于1920年12月7日由国务会议批准筹建大学，并定名为"国立东南大学"，成为当时中国第二所国立大学。迄1923年，学校已设文理、工、农、商、教育共5科，含27系。用时任学校工科主任、我国桥梁工程学奠基人茅以升教授的话说："此种组合为国内所仅见。"中国高校历史上第

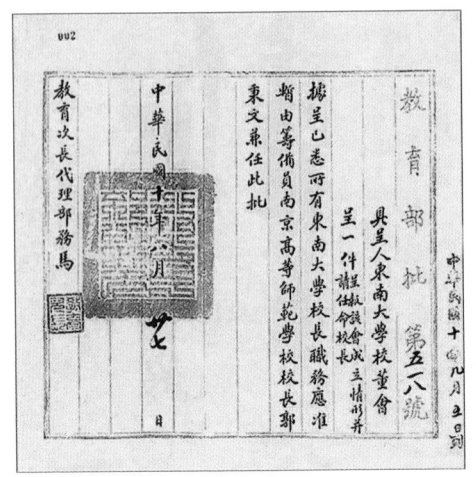

教育部同意郭秉文任东南大学校长的批文

一个生物系、数学系、地学系,第一个生物学研究所、物理实验室,第一个体育专修科均诞生于此。其时全校名师云集,英才辈出,人称"以科学名世"。

首开男女同校之制。早在清末,创校先贤之一刘坤一就曾提倡女子公塾,在男女教育权利平等方面导夫先路。1919年12月7日,南高第10次校务会议通过了《规定女子旁听法案》。1920年暑期更进一步,正式招收8名女生进入不同系科,与男生同班学习。此举对当时民众心理所产生之震动,恐非今天的人们可以想象。

几乎与这批女生入校同时,我国气象学的一代宗师竺可桢也应邀来校担任教授。40多年后的1962年,已是中国科学院副院长的竺可桢为南京大学60周年校庆发来贺词,尤将男女同校之举推为学校最突出之事迹。其贺词曰:"东南学府,为国之光。男女同校,唯此首创。"

东大开女禁招收的首批8位女学生合影

暑期学校最早最佳。新文化运动期间蔡元培主北大,以"兼容并蓄、思想自由"而享誉后世。其实"五四"之后郭秉文主南高、东大,亦以"自由讲学"而著称当时。体现其自由讲学理念的最知名平台,就是暑期学校。1920年夏,南高在全国率先开办了暑期学校,共历4期,开出100多门课程,每期学员皆在千人上下。授课者为梁启超、胡适、杜威等中外名家,除上课外,还在大会堂讲坛作至少一次专题讲座。暑期学校之教师自由讲学,学员自由批评,学校日刊并登载学生之感受心得,时人有以诸子百家争鸣之盛况比之者。美国著名教育家孟禄(Paul Monroe)亦为暑期学校主讲嘉宾,他在考察中国各主要大学并在东

梁启超在东大暑期学校授课数月,其间应邀题词"江山重叠争供眼,风雨纵横乱入楼"

大讲学之后,称赞学校为中国政府设立的第一所有希望的现代高等学府。

平衡包容独树一帜。郭秉文以"四个平衡"①的教育思想著称,巧在学校1922年也出了个杂志名曰《学衡》,其口号却是"昌明国粹,融化新知",跟北大的《新青年》唱对台戏。郭氏本人作为连任三届的世界教育会副主席兼亚洲地区主席,运作了学生自治、通识教育、学分制度、董事会制等大手笔,自是新派无疑。现在学校出了这么一派,该当如何处理呢?他还是选择跳出门派之争,以平衡

---

① "四个平衡"指通才与专才平衡,科学与人文平衡,师资与设备平衡,国内与国际平衡。

为则,以学术自由为律,未加干涉。而学衡派人士不独传统文化学养深厚,亦不拒甚至精通新学,于是竟成一股思潮之代表。当时新文化运动正狂飙突进、横扫千军,忽自东南半壁冒出一干才高而志异之辈另举大旗,使得在形式上仿佛有南北大学分庭抗礼之争。若只从"真理愈辩愈明"之角度观之,

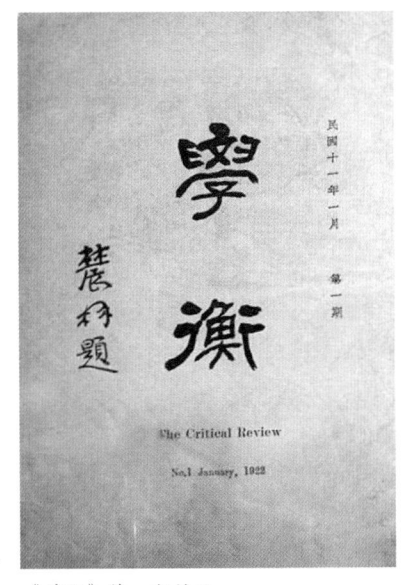

《学衡》第一期封面

这双峰并立之格局似对全国文化教育不无积极影响,而这离不开郭校长治平持衡之胸怀与韬略。

星火日辉。江、郭二校长皆远见卓识之士,可是他们当时也没有察觉,一股崭新的革命性的力量正在校园里悄然发展,最终成为人间正道。

这股力量就是马克思主义和中国共产党。时南高有青年职工杨贤江,曾被李叔同赠"神聪"二字,经"五四"洗礼,迅速向马克思主义靠拢,参加了李大钊、毛泽东等人发起的"少年中国学会",后成为该会南京分会的书记。

还在东大之名问世之前,他便在学校组织了"马克思主义研究小组",学校教授杨杏佛曾受邀演讲马克思主义。在革命大潮中,杨贤江成长为我国最早的马克思主义教育理论家之一,出版了我国第一部马克思主义的教育学著作《新教育大纲》。当时汇在林林总总各类思想之中的、在学校只个别教职员工研究提倡的马克思主义,后来竟成为彻底改变中国的力量,这是郭校长没有料到的。

江校长也没料到,他建的梅庵,在1923年8月却成为中国社会主义青年团第二次全国代表大会的会所。小小的梅庵,一时俊才云集,传扬星火,引动日辉,与梅庵门口那"嚼得菜根,做得大事"的木匾正相映衬。

伟业多艰。学校势头日盛,可惜横生变故。1925年1月,由于复杂的政治人事原因,当时的北京政府下令免除郭秉文东大校长之职,而学校校董会和许多师生强烈反对。教育部与校方师生以及地方政府你来我往,掀起"易长风潮",历一年余波尚未消。郭氏其间赴美国"考察教育",教育部任命的校长也始终未能在东大履职。诸多学人因此两派纷争,及至伤情断谊、去职出走,为他校贡献校长、系主任、学术中坚若干。比如当时正逢清华学校升格为清华大学,其数理化生等五系之系主任悉由东大流入,无复多言。郭校长直到1931年才回国,转入政界,此后再未当过任何一校之校长。1947年退休留居美国,直至逝世。

风波未平而变故又生。1927年，历史仿佛又重演了。是年国民革命军北伐，政局动荡，3月中旬，东大被迫停课，师生四散，仅留一些职工看管学校。好在5月23日，新成立的国民政府即派专员接收了东大，较当年两江师范的命运可谓幸矣。而相同的是：学校的校名也随着政权更迭又一次有了变化。

第三节　中央金紫无伦日，家国苍黄有训时

国民政府定都南京，意欲在首都打造一所堪为全国模范的高校，乃更学校名为"国立中央大学"（简称"中大"）。标题中"金紫"谓当时紫、金二色被定为校色，既与城郊紫金山相呼应，其等级在中国传统里又至高极贵、与民国最高学府地位相配，一时态势无与伦比。但是，当时国力孱弱，政府腐败，人民奋起抗争求索，最后"钟山风雨起苍黄"，南京国民政府之统治徒留教训于后人耳。标题又含此阶段较重要的两位校长之名，即罗家伦和吴有训。前者于乱世中见证和造就了学校的辉煌，后者德才为师生共仰，终因无法与末世政治同流，挂冠而去。

三易校名。东大被接管后数易其名。当时国民革命军将所攻克地区之标志性大学均改名为"中山大学"，以纪念孙中山先生。顺着进军次序，先后改立第一中山大学（即广州中山大学）、第二中山大学（即武汉大学），第三中

国立中央大学老校门

山大学(即浙江大学)。1927年6月9日,国民政府令将国立东南大学等院校组建为"国立第四中山大学"(简称"第四中大"或"四中大")。

不知是巧合还是社会发展的逻辑,四中大在组建过程中的一些模式,与七八十年后中国高校的许多做法似乎遥相呼应,比如:

院校合并。四中大除以东大为主体外,所接收学校还有国立河海工程大学、江苏医科大学、上海商科大学、江苏法政大学、上海商业专门学校、南京工业专门学校、南京农业学校和苏州工业专门学校。经此九校合并，四中大遂成为当时国内规模最大的高校。沧桑几度，2002年，在江苏省政府主持下，南京大学等九校共同纪念百年校庆，虽然具体学校已大相径庭，但九校之数却在四分之三个世纪后巧合，还是颇让人感慨系之。

国立中央大学校徽

异地办学。当时所合并的学校并非都与东大全无关系。如河海工程大学就是东大工科独立后又与他校合并而建，而上海商科大学本就是东大的分支。1921年夏，东大与暨南学校（李瑞清曾为此校督学）在上海合办商科大学，开国内大学办商科大学之先例。次年改由东大独立承办，定名为"东南大学分设上海商科大学"。此次合并，该校成为四中大商学院，其址在上海法租界霞飞路。此外，江苏医科大学改为四中大医学院，其址在上海吴淞。1932年，两院皆又独立建校。其间的经验教训，对今日诸多高校的异地办学或亦有参考价值。

升格更名。按东大时期的规定，较大的学科门类单位称为"科"，负责人头衔为"主任"。至四中大时期学科进一步细化，"科"亦改称"学院"，负责人为"院长"。当时四中大共计有自然、社会、文、哲、教育、工、农、商、医九大学院，各院下分系、科、门、组。此形式有点类似后世高校的"系"升格称"学院"，倒也皆大欢喜。相比之下，学校更名可就不那么顺利了。第四中山大学之名使用了8个月之后又被更改，因为多个中山大学在实际操作中容易混淆而造成种种不便（或许也有各校不甘次序与混同的因素），故只广州中山大学保留原名。决策者没想到这次改名竟引发了一场轩然大波。

1928年2月29日，大学院（即教育部）训令第四中山大学更名为"江苏大学"，顿时激起师生强烈不满，学生集体上请愿书反对改名，其中一条重要理由就是校省同名殊为不妥。请愿书言，学校自清季以来，由三江师范经两江师范，到南京高师和东南大学，再到第四中山大学，校名虽多次更换，但都足以代表东南各省共有之学府[①]（又可证当时学校师生公认三江师范、两江师范为学校源头）。请愿后来发展为罢课抗议，最后竟闹到学生将"江苏大学"的牌子摘下抬到大学院奉还的地步。4月24日，大学院终于决定："江苏大学改称中央大学，得加'国立'二字。"师生不满才告平息。江苏大学之名使用了两个月

---

① 详见《国立第四中山大学改定校名请愿代表团李铁铮等来呈为请求改该校名为国立南京大学由》，《大学院公报》第5期，1928年5月，第50—52页。

许，成为南京大学历史上使用时间最短的校名。后人鉴之，更应珍惜学校品牌之重要性，切忌随意构思、频繁改动。

解散整顿。学校既冠"中央"之名，以首都之天时地利加持，在国内高等教育界的地位似乎又进一步，隐隐然有领袖群伦之势，学校众多校友时至今日也以此为荣。不过，也有人认为给高等学府冠以官家气如此浓厚之名称，实为失策。其实，当时师生请愿书的建议是改名为"国立南京大学"，其理由之一是可避免政治变化，兴荣无常——不幸一语成谶。不论后世评价如何，国立中央大学之名垂二十余载，在中国高等教育史上留下了厚重的一页。

按一般的想象，更名为中央大学后，学校必一帆风顺，青云直上了。可是世事正如南京那个凤辣子所云，大有大的艰难去处。更名后中大恰因声名太著、社会关注度太高、学生太活跃、管理压力太大而致校长人选屡次难产，夸张的记录有两年七易校长之说（含代理及未到任），最后竟因此闹出风波，学校一度被解散整顿。事发由头起于1931年末朱家骅校长辞职，其后几次校长人选提名都不顺利。1932年6月，未获广泛认可的新任校长来校视事，部分学生情绪爆发，将校长车辆掀翻，甚而发生扭打情状，震怒上方（东大"易长风潮"期间此类情形也闹过一次）。于是，蒋介石下令解散中大。7月初，教育部接收学校，教员全部解聘，学生全部离校，听候甄别。此事轰动了全

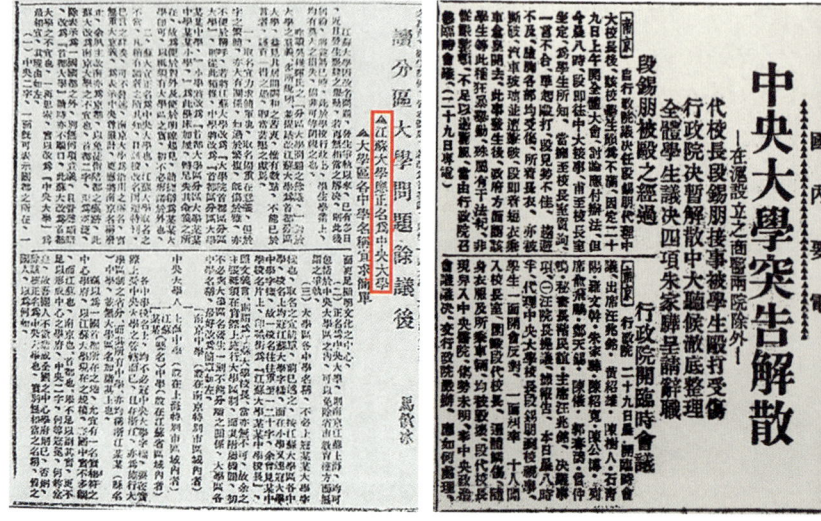

1928年4月26日《民国日报》文章建议校名为"中央大学"　　中央大学解散的新闻

国教育界。

行政院特成立中大整理委员会，蔡元培任委员长，李四光任副委员长及代理校长。一个多月后，整顿结束，开除学生19名（此前计划60人），并将设在上海的医学院和商学院划出中大。8月26日，国民政府任命罗家伦为中大校长。此时，学校师生和罗氏本人可能都未料到，中大近10年的罗家伦时代就此开启。

盛事者罗家伦（1897—1969），字志希，浙江绍兴人，出生于江西进贤（也是李瑞清的家乡）。他是五四运动的学生领袖之一,了解学生心思;曾在东大任教,与学校有感情;是清华大学的首任校长,有名校管理经验;在政界亦任高级职位,人脉广泛,资源丰富。融合如此种种优势,中大在其治下便如骏马终遇匹配骑手,进入了建校以来最为鼎盛的阶段。

罗家伦

1932年10月11日,中大重新开学授课。当日罗家伦在全校大会上作就职演说《中央大学之使命》,提出"诚朴雄伟"之四字学风,今天已是南京大学校训的一部分。这四个字当年是校长对师生的希冀,回头再看,却也正可拿来作为对罗氏本人中大校长生涯之写照,兹一一对应如下:

诚者,诚意也。师生对学问要有诚意,校长对本职工作也要有诚意。罗家伦有言道:"我们主持教育行政的人,乃是牺牲了自己做学问的机会,来为大家准备下一个环境做学问。"充分体现了对职业的诚意。他初任中大校长,对自己当年在北大的老师、名满天下的国学大师黄侃执弟子礼,为师生所赞;而主持党政要员戴季陶讲座,态甚谦恭,则招来学生嘘声。身为中大校长,其作为"五四"健将、学术良才的背景,与社会活动家、政治人物的身份,有时不可得兼，但为有利学校发展大计，前者只得让位于后者。或者因此不被理解，也只有忍辱负重，正如其就职演讲所言："个人任何牺牲，若是为了理想，总还值得。"此之谓诚。

朴者，聪明人下笨功夫也。罗氏本意指教学与研究没有短期速成的"王道"，其实对于大学校长而言也是如此。比如校长最重要的任务之一，就是引才纳士。而做好此工作也无捷径，说起来就是老老实实地"择优去劣"而已，但真正做到却很不容易。罗氏自谓："聘人是我最留心、最慎重的一件事。我抚躬自问，不曾把教学地位做过一个人情。"这是聘请教师。至于招生，据较罗家伦早一年来校、曾任学校教务长的高济宇院士回忆，中大历年只"特招"过一名学生，即孙中山外孙。下足了这番笨功夫，才有全国联考"差不多积分最高的学生，悉以中大各系科为第一志愿"[①]之景象，中大才能如罗氏两个家乡的名字所示的那样，因为"进贤"，所以"绍兴"。此之谓朴。

雄者，气魄宏大也。乍一看上文所述，罗氏或会给人以谦逊儒雅的印象。然而其个人性格，时人谓果敢坦率、气盛露才。细想也是，"五四"时写出"外争国权，内除国贼，中国存亡，在此一举"的人，岂会缺少霸气。

---

① 楚崧秋《罗家伦任校长时期的中央大学》，载《永恒的魅力——校友回忆文集》，南京大学出版社，2002年版，第64页。

在其领导下，中大经过几年相对稳定的发展，以1935年重设医学院为标志，成为拥有文、理、法、教育、农、工、医7个学院40个系科的综合性大学，是全国国立大学系科设置最齐全者。这一格局和优势一直保持到1952年。日本侵华时，他发出武力对武力、大学对大学，中央大

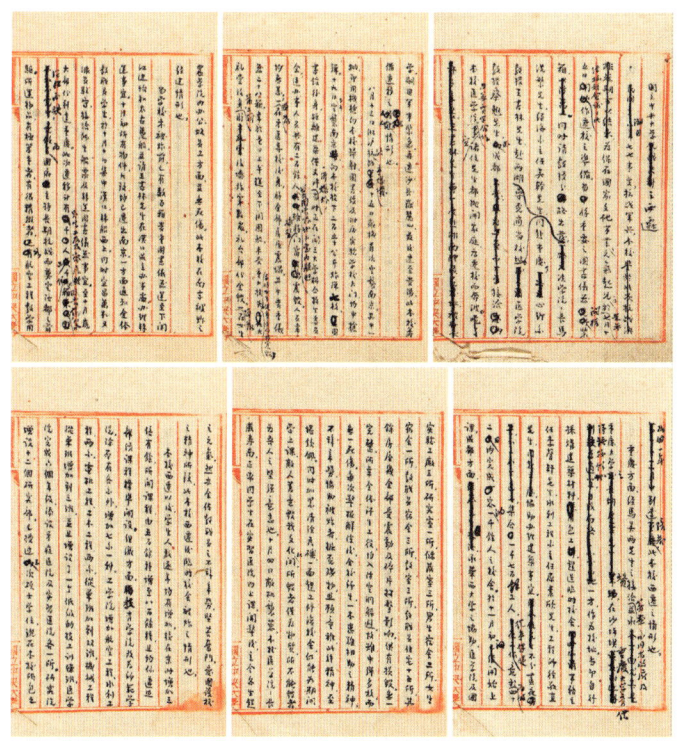

罗家伦《中央大学之西迁》手稿

学对标东京帝国大学的豪言壮语，比其"五四"宣言之雄亦不遑多让。经抗战洗礼，中大的师资和学生规模高居全国高校之首，质量亦臻顶尖。例如1941年，教育部推选"部聘教授"，各学科原则上在全国高校范围仅聘一人，为该学科教学与研究之国家指导。部聘教授先后评选两次，共选出45名，中大教授入选12名，数量居全国之首。又如1940年，教育部举行大专以上学生学业竞试，按年级分为3组比赛，结果3组的团体总分第一均由中大获得。抗战后学校实力纵在全亚洲范围也足有可观。此之谓雄。

伟者，境界崇高也。罗氏在就职演说中表达了"复兴中华族"的伟愿，其中言道："若是一个民族能努力建设其本身的文化，则虽经重大的危险，非常的残破，也终究可以复兴。"最能体现此精神者，莫过于日寇侵华、中大西迁之时。他先是未雨绸缪，提前一年准备了数百大木箱。后在形势骤紧时，果断决策举校西迁重庆（成都和贵阳也有部分单位），最大限度减小了损失。西迁之后，迅即复课，此后至抗战胜利，教学从未间断，为中国高校之仅见。概言之，在其领导下，中大为国家保存了一所完整的大学。完整到何种程度？当时南开大学校长张伯苓感叹为"鸡犬不留"，即中大农学院牧场之实验良种动物亦一路西迁，半只不留给日寇。其时，在牧场技师王酉亭的组织带领下，

重庆沙坪坝中央大学礼堂

大至牛、羊、猪,小至鸡、鸭、兔,历经一年的风雪流离、水陆颠沛,抵达重庆,罗家伦遇之于街,泪下而呼牲禽为"故人"。人谓王酉亭为"中大之焦大",则罗家伦亦可称为"中大之诺亚"。无数个这样的焦大和诺亚,在空前劫难之际,虽百折千伤而尽职尽忠,可歌可泣,正是中华民族精神之写照。此之谓伟。

1941年8月,为教育经费等问题,罗家伦辞职。此后他居身政界,最后病逝于台湾地区。这些后话不谈,只说眼前罗校长的辞职却又使中大校长成烫手难题。人选既难定,而定立之后又待不长久,以致蒋介石亲自下场任校长。作为国家首脑,蒋氏自然不可能具体管理学校,但却也不完全是挂一虚职。据记载，他平时每周六下午会来校巡视。一年多后，他改任"永久名誉校长"。抗战胜利后，校长一职由清华大学理工学院院长吴有训担任。

吴有训

正事者吴有训（1897—1977），字正之，江西高安人。1916年考入南高，1920年毕业。后赴美深造，1926年获芝加哥大学博士学位。期间，其导师康普顿研究x射线取得重大发现，证明了爱因斯坦的光子说，并因此获得诺贝尔物理学奖。该发现也被称为"康普顿效应"。吴有训在用实验证明和发展康普顿效应方面建下奇功，以至于有人认为该发现应称"康普顿-吴有训效应"，康普顿亦称其为自己"一生中最得意的学生"①。吴氏以不到而立之年便蜚声世界物理学界，尊崇者誉其为中国近代物理学研究的开山祖师。

在中大的就职大会上，吴有训自陈接受校长任命的动机"只凭着为母校服务这点关系"。吴氏说这句话确有资格，作为取得了世界级成就的大科学家，那是谁都要礼让

---

① 1962年，杨振宁向吴有训赠书，在扉页上题道："年前晤A. H. Compton教授，他问我师近况如何？并谓我师是他一生中最得意的学生。"

几分的，他完全可以不听政府之宣调。而他后来的言行也证明了此次上任纯粹是出于情怀。吴氏字"正之"，果然人如其名，无论为校长为学者，皆以"正"为先。他清正廉洁，身为校长，以奉献为原则。任中大校长期间，有专供大宅而共用，有专拨经费而不取，视权财如浮云。也正因其声誉和风范如此，所以在中大时，每遇阻掣，他就敢甩袖辞职，前后达十余次之多，且基本都是以上方让步挽留而告结束，用不亚于其物理实验之水准，向世人证实了"无欲则刚"是个什么状态。

尽管如此，能被誉为"中央大学真正得到师生拥护的校长"[①]，光靠学术地位和清正廉洁恐怕还有些不够。吴有训最得师生拥护之处，还在于他作风民主、学术精神纯粹。他在清华时就立下了"学术独立"的规矩，到中大后，便取消了每周"精神训话"等师生反感的形式，允许学生自由组织社团，大受师生欢迎。吴氏自农家子弟而成长为一等精英，其平民意识始终不辍，去见教育部部长竟被门卫视作布衣而阻拦。这样的平等做派，也很容易获得居于弱势地位的学生之爱戴。重要的是这些并非沽名钓誉之作秀，完全是其本色的外现。

吴有训尤爱护学生。当时国民党统治已失却人心，青

---

① 时任学校教务长、教育部部聘教授高济宇院士语。

年学生的热血冲动日奋,游行示威频繁,而当局不惮以暴力镇压。身为校长,他一面为学生安全计,尽力劝导,试图平息学生怒火;学生激情不可挡时,则或是走在游行队伍前列,使军警不敢公然施暴,或是拒绝向当局提交学生名单。这种爱护学生的意识与胆量,自李瑞清始似乎就融入了学校的基因。言及此节,不由得要将吴有训与罗家伦这两位校长做一比较。二人同龄,也算老乡,他们的早年

中央研究院首届院士合影

经历在清华大学有过交集，但据说却不太融洽。两位校长管理中大的风格也颇有差别，上文所述吴氏废除的一些东西，便是罗氏曾经加强的。但是，两位校长对教育事业、对学校的热爱其实无二，所异者理念与性格耳。何以如此？答案就在他们相通的爱学生之念上。且看吴校长在军警虎视眈眈下走在学生游行队伍前列的模样，与抗战时期防空警报拉响之际，罗校长两臂伸张，护小鸡一般追赶学生入防空洞的形象，有何分别？

吴有训对教育、科研之发展规律均有深刻的思考和卓越的建树。在清华时他就提出"以高水平科研支撑的高质量大学教育"之说，是为我国研究型大学思想之先驱。1948年3月，当时的中央研究院选举产生第一届院士，这"院士"之称也是因吴有训力推而定名。从这个意义上讲，吴校长或可称为"院士之父"。首届81名院士涵盖文理，几乎皆为我国现代学科鼻祖级人物，其中中大校友（就读或任教）占了四成多。倘在正常环境下，以如此水平之校长，领导如此水平之学校，本可取得何等辉煌之成就！奈何面对崩坏的政治大环境，再出色的科学家、教育家也无能为力，更何况吴氏内心与当局实在道不同不欲为谋，终至心力交瘁。1948年8月，他的辞呈获得批准。后人思之，也只有深感惋惜。

中华人民共和国成立后，吴有训成为全国科研工作

2023年4月,南京大学有训书院学生实践团队赴江西高安参观学习

的领导者之一。1964年,我国第一颗原子弹爆炸成功,他作为中国科学院副院长陪同周恩来总理会见主要科研功臣,讲话时竟脱口而称"同学们",后来才改口"同志们"。据说周总理曾说:只有吴有训才有资格用这样的称呼。吴校长在科学的春天来临之际辞世,心情当亦舒畅。

吴校长正式去职之时,国民党败象已显。至1949年1月,更是败局已定,行政院要求各校考虑迁校,但中大校务会未予通过。1月31日,中大教授会投票选举成立"中央大学校务维持委员会",不设校长,以委员会管理校政。该委员会在维持学校教学秩序、解决办学经费和营救保护学生等方面做了大量有效的工作。此体制一直维系至南京解放。

第四节 真金陶冶自多彩,陈玉磋磨更裕光

此节介绍南京大学的另一个历史源头金陵大学(简称"金大")。标题前半句之意,谓金大经过历史的大浪淘沙和炉锤冶炼,成为当时中国教会大学之佼佼者,"真金"当之无愧。"淘冶"亦通"陶冶",有培养人才之意。后半句指在中国教育史上,与金大之名紧密相连的陈裕光校长(或者也可以说与陈裕光之名紧密相连的金大)。陈校长漫长的一生阅尽风波,始终温润雍容,如旧玉新治,为校、为人更增光辉。

汇合三派。教会学校于19世纪下半叶随西方势力在中国的扩张而兴。基督教宗派繁多,而以美国教会在华办教育最为积极。还在清政府洋务派办新式学堂之前,美国新教各分会就已在南京布局,包括美以美会(The Methodist Episcopal Church)、长老会(The Presbyterian Church)、基督会(Foreign Christian Missionary Society)等。1888年,美以美会在南京创办汇文书院。其时学生仅个位数,教学也未臻高等教育水平,但毕竟是南京最早的新式学堂。其英文名就叫Nanking University,直译就是"南京大学",用《史记》里的话说,"此其志不在

金陵大学初建时期的校门

小"。1891年基督会设"基督书院"(Nanking Christian College),1894年长老会设益智书院(The Presbyterian Academy)。1906年,后者之高年级并入前者,名宏育书院(The Union Christian College)。1910年2月,宏育书院再并入汇文书院,定名"金陵大学堂",后来又叫"金陵大学校"直至"金陵大学"。其英文名则始终如一,为 The University of Nanking,意思大差不差还是"南京之大学",监督(校长)由原汇文书院院长包文(Arthur Bowen)担任。

1911年4月,金陵大学正式在美国纽约州教育厅立案,由纽约州教育厅厅长和纽约州立大学(The University

南京大学鼓楼校区二源壁上的金陵大学堂校门题字石刻

of the State of New York)校长签署特别许可证,金大毕业文凭由纽约州立大学校董会签发,与美国国内各正式大学享受同等权利。

美国教会学校在华初创阶段,一切权利均操于外人之手,其实质一如上海圣约翰大学校长卜舫济(Francis Pott)所言,就是"中国土地上的美国附属学校"。金大亦如此,有人称为"内外"制,即:各合作差会设托事部(board of trustees)于美国,是为校产之所有者及学校最高决策机构,英文称"家"(home)。又设理事会(board of managers)于南京,是为托事部代表与执行机构,英文称"野"(field)。一个如君在朝,一个如将在外,而无

1920年金陵大学毕业典礼

论是君还是将,都没有中国人。

金陵大学之三派合流并非孤立之事。当时美国教会早有意将在华所办学校整合重组,从而提升实力。各差会几经谈判,终于联合成功。除了金陵大学外,又有北京汇文大学(燕京大学前身)等12所教会大学,金大是其中最早联合成功的院校,也是办学水平最高的院校之一。

西学中化。跟中央大学如长江般波澜壮阔的起伏相比,金陵大学的演变显得相对平稳,而更似玄武湖的恬淡幽静。一个例子是1948年金大60周年校庆时,前后才历4任校长,只有中大的零头。另外,其经费由美国教会提供,较当时中国公立私立大学都远为宽裕(按人均算)和稳定。但是,1927年金大遇到了发展史上的第一次重大挫折,并由此引发管理体制的大变革。

上文已述，教会学校营办权利尽在外方。说来外方既然出资，享受相应权利也是应有之义。可是，从立案注册开始中国政府就无审核评估之权，校内教师中国人渐多而依然不能参与管理，则无论如何也说不过去。所以，内外因素联动，事情正在悄悄发生变化。

从外部讲，自1922年到1926年，受五四运动的影响，中国爆发了一场"非基督教运动"及由此而引发的收回教育权运动，要求在中国土地上办的学校就应由中国人来当校长。从内部讲，金大自建校不久便开始有意识地推动中国化过程。1914年起，经托事会同意，金大理事会就有了中国籍成员。至1925年，根据包文校长的说法，理事会成员已"中西各半"。金大校方也颇重视中国传统文化之教育：汇文书院第一任院长福开森（John Ferguson）推崇中国文化，甚至向中国学生宣传"要以英语水准高而国文水准低为耻"；包文亦常对金大学生表示外国人管理学校只是权宜之计，待条件成熟时学校自然要交给中国人。无须否认，其长远目的是基督教能在中国得到更广泛深入的推广，但较之某些帝国主义分子的傲慢自大做派，那是开明得多了。

内外因素在1927年共同达于临界点。是年3月，北伐军攻打南京，城内秩序失控，许多外侨住宅、教堂及外国机构遭到抢劫，在长江上的英、美军舰以此为由炮轰南京，史称"南京事件"。金大在此事件中受损严重，有五幢住宅被毁，时任金大副校长文怀恩（John Williams）则在与抢劫兵匪理论时不幸死于枪下。一时金大的外籍人员全部撤离。不久，南京国民政府建立后，亦继续推动教会学校的教育权收回工作。金大虽未停止运行，但何去何从，执事者必须作出选择。

审时度势，包文校长表示外国人当中国大学的校长已不合时宜，主动提出辞职请求。校务先由临时成立的委员会负责，不久，委员会选举金大文理科科长陈裕光担任校长，是为国人担任美国在华教会学校校长的第一人。

顺事者陈裕光（1893—1989），字景唐，祖籍浙江宁波，出生于南京虔诚的基督教徒家庭。1915年毕业于金陵大学，1916年赴美国留学，1917年获哥伦比亚大学化学硕士学位，1922年获博士学位。同年回国，曾代理北京师范大学校长。1925年回金大执教。

陈裕光本志在学术，1927年掌金大实非其本意，但历史的潮流不以个人意志

陈裕光

为转移。陈氏当时面临的最大挑战是：如何既顺应国人感情和历史潮流，收回金大的教育权，同时又能与美国教会维护合作关系，保持学校的稳定发展。变与不变间，非常考验校长的能力。后来的事实证明陈氏完美通过了考验：美国托事会承认其校长任命，继续为学校提供经费；中国政府为文怀恩之遇害提供赔偿，其家属则将赔偿款捐予金大；美方放弃对金大损毁财产的赔偿要求，而中国政府以出资建造金大图书馆为回报。这其中陈氏究竟是如何纵横捭阖、进退转圜的，想必十分精彩，可惜细节无从得知。后人知道的是：陈裕光此后任金大校长24年，雄踞中国教育史上任期最长的大学校长之列。

从文字记载及影像资料看，陈氏似乎不属于那种霸气侧漏的领导人，却能领导金大近四分之一个世纪，原因何

陈裕光校长旧居

在？他自己总结为"共和精神"，并概之为"爱国主义思想、学术自由思想"。其妹婿、金大校友，曾任金大校董和国民政府教育部部长的杭立武则评价道，陈氏"以其雍雍之度，能够笼罩群雄"。两相结合，后人估猜，大概就是顺从真理与正义，然而对人不压不逼，和风细雨而因势利导之艺术吧，因为学校后来的政策也尽显"顺事"之特点。

比如顺应民族呼声，继续推进学校中国化。陈氏任校长后，金大即向国民政府登记立案，成为第一个向南京政府呈请立案并获批准的教会大学。学校管理机制也进行了改革：美国托事会仍是校产所有者，但不再是最高权利机构。在华理事会则改制为董事会，成为校务决策机构，中国人占比渐达三分之二，校长权限亦有扩大，已然"将在外，君命有所不受"了。虽然财权仍由美方人员控制，校长颇感掣肘，但较之其他一些教会学校中国校长依然基本为美方傀儡之情形，还是好出不少。当然，客观地说，陈氏顺势推动之功固然彰显，而在当时学校推行非基督化措施（如宗教改为选修课、宗教礼拜改为自愿）的背景下，金大的美方合作差会也保持了理性和职业的态度。

再如顺应教育规律，使得金大重新进入平稳期后，在已有基础上继续发展。像金大农学早期已有扎实基础，是中国首创四年制农业本科的大学。陈氏更立足中国国情，支持推行教育、研究、推广三位一体制，倡导"边学边用边研究"，使金大农学百尺竿头，更进一步，成为全国高校声誉最高的农学院之一。1930年，金大正式形成了文学院、理学院、农学院"三院嵯峨"的格局。1928年，美国加利福尼亚大学专家评估中国教会大学，以金陵大学为13所教会大学之翘楚。鉴于如此优异的办学成绩，1934年11月，纽约州教育厅向金大正式颁发了毕业学位的永久认可公文（Absolute Charter），与哥伦比亚大学、康奈尔大学等美国本土名校同，标志着金大所授学位和毕业证书完全获得国际认可（1911年所颁的还是临时认可）。用陈裕光的话说："毕业生可直接升入纽约大学或任何大学的研究院而不受限制，与欧美大学享受同等待遇。"

又如顺应环境要求，成功实施五校合作办学。1937年日本全面侵华，金大被迫西迁至四川成都。当时还有金

抗战时期，在成都联合办学的5所教学学校校长合影

陵女子文理学院、齐鲁大学、燕京大学、华西协合大学4所教会学校亦落脚蓉城。为克服师资短缺等问题，5校开展合作办学，设5校校长联席会议为决策机构。武侠小说中有个"五岳剑派"，号称同气连枝，实则钩心斗角，最后以互相杀戮而了结，关键就是其中的盟主仗着势力最大，便产生吞并其他门派之野心。而成都之5校联合，后来关系逐步发展到有课同上、有生同招、有系同办、有礼同拜的地步，被公认为教会大学之间团结得最美好的时期。这其中，陈校长雍和君子的人格魅力想必是发挥了重要的作用。

最后，南京解放之际，陈裕光彷徨权衡良久，再次顺应历史潮流，把出国护照撕掉，拍板决定学校不予迁走，又出任"南京维持会"副会长，帮助维持南京的秩序。金大在其领导下终于平安迎来解放。1950年2月，金大改属华东军政委员会教育部直接领导，实行校务委员会负责制，陈裕光任主任委员。1951年3月，他正式辞去金陵大学校长一职，由同为化学家的李方训接任校长。金大校务委员会对其治校生涯给予了充分肯定。

1949年后，陈裕光回归其化学家身份，在上海轻工业研究所工作直至退休，为国家化学产业发展做了不少有益的工作。不过，跟一代名校校长的身份比起来，谓其未得应有重用，大概不算过分。老校长本人却拿得起、放得下，能从历史大局出发，苟利国家生死以，岂因祸福趋避之。

李方训

改革开放后他以九十高龄只身访美，宣传国家新貌，呼吁才俊建功，这份顺古今之变的气度，远非常人所及。所以，1982年中国化学会成立50周年，陈裕光作为发起人之一兼首任会长，得以学会首届理事会之唯一健在成员身份出席，复以耄耋之年任南京大学校务委员会顾问。1988年，又以九五之龄亲眼见证金大成立100周年之庆典，自是福泽深厚。然考虑到其一生雍雍之度，也不足为怪矣。

第五节　梁菽南园朝大道，春秋前事论平心

1949年8月8日，国立中央大学依令改名为"国立南京大学"。1950年10月10日，去"国立"二字径称"南京大学"（简称"南大"），此名延续至今。"梁菽南园"，既代指在中大积极传播进步思想、洒下革命种子的梁希、潘菽二教授，更指学校之莘莘学子。绝大多数师生对南京解放拥护欢迎，当年中大九成以上学生报名配合军管会接管学校，即是明证。只数年间，新生的人民政权便带领中

国立中央大学更名为国立南京大学

华民族跃出百年低谷,振奋亿万人心,知识分子特别是青年学生对新中国愈加衷心服膺,仰其大道如花木向阳。此标题上句之意,亦嵌学校今日之名焉。

"春秋前事",谓1949年后十数年,大时代体现于个体身上之酸甜苦辣尤为强烈。故后人记录时,虽有时不禁意气难解,而为准确全面故,务须于历史大背景下冷静客观察辨,平心述之。此标题下句之意,亦嵌学校两位重要领导孙叔平、郭影秋之名焉。

双星传道。梁希（1883—1958）,浙江吴兴人；潘菽（1897—1988）,江苏宜兴人。两位教授都是学界明星,梁氏乃中国近代林学的开拓者之一,

梁希

潘氏为中国现代心理学的奠基人之一,均为中科院首届学部委员；同时,二人也堪称在中大乃至当时整个高级知识分子界中促进民主进步思想之双星。

西迁时期,正陷入对中国前途之迷惘愁思的梁希偶阅《新华日报》,顿觉相见恨晚,渐至"不能一日不读"的地步,后更与新华社建立了经常性联系。而当时新华社社

长潘梓年,正潘菽之胞兄也。潘家革命色彩浓厚,潘菽便是五四运动火烧赵家楼被捕的32名学生之一,其胞弟潘美年工作中遭日军轰炸殉职,其堂弟则是中共情报战线的传奇人物潘汉年。而在梁希家庭中,其次子也参加了新四军,儿媳为抗战而牺牲。可见,以梁、潘二人为代表的知识分子亲近支持共产党,实在是经无穷血泪洗刷后作出的选择。梁希有诗曰:"起看星河含曙意,愿将热血荐黎明。"正是当时民族先进分子之通感。

梁希这句诗,前半是知,后半是行,知行合一为学校历来校风,二位教授自然以身作则,付之于实际行动。梁氏为《新华日报》撰文,倡唯物辩证法;为皖南事变鸣冤,向新华社捐款。潘氏则将进步书籍夹带在自己书箱中,从重庆运至南京,分发学生,人称"红色书箱"。二人参与、组织和领导了自然科学座谈会、民主科学座谈会、九三座谈会、中国科学工作者协会等反独裁组织。1946年5月,"九三学社"成立,梁、潘分别当选为中央常务监事和中央常务理事,并为学社之最高职务。当局自然不满,对梁希欲以高官诱之不成,复以威武胁之。梁氏以

潘菽

殉难的闻一多自比，置生死于度外。潘菽营救被捕学生，被特务机构列入黑名单，严密监视，依然不改其志。二位教授不愧为大丈夫。

更名南大后，梁氏为南大首任校务委员会主席，潘氏为南大首任校长（1951年学校改行校长制）。二人又先后进京：1949年11月，梁希任林垦部部长；1957年，潘菽任中科院心理研究所所长。梁老去世前三个月，在《人民日报》发文，憧憬"青山绿水在祖国国土上织成一幅翡翠色的图案"；潘老去世前一年，作诗"林丛一凡鸟，也作闻天啼"。二人诞于双兴（其家乡都含"兴"字），双兴于中大，又双双执掌南大，最后皆陨于北京，其轨迹正似志同道合之双星。

双璧交辉。这边南大之名问世，那边金大也在彻底变革。1950年12月，美国政府冻结中国在美全部财产，并禁止汇资金至中国大陆，金大之西籍教职员尽数回国。新中国政府对等回应，1951年1月下令接收教会学校。当年金大与金陵女子文理学院合并，转为公立，仍名金陵大学。

南大与金大为同城名校，历史上多有互动，关系密切。首先关于两校校名，就有好事者说应当互换。金大之英文名正是"南京大学"，而当年南高改东大、江苏大学改中大之际，南京大学都是校名选择之一。之所以未用，一个可能的考虑因素就是如此一来英文校名便与金大相重。只能感叹金大见机得早，先把好IP给占了。而金大更适合叫"三江"之名，因其由美国基督新教三派差会在南京所建的三所书院合并而来，正如三江汇流。倒是两江总督设立的学校一开始为何要叫"三江"，至今众说纷纭。或曰，先贤早料到要与金陵大学合并，两江将添一脉，所以叫三江。这自然是玩笑者言。窃以为张之洞大概是觉得叫"两江"太实。他一开始就心怀大志，想让学校超出地方性院校的局囿，而"三江"可泛指八方，所以在向朝廷呈报时打了个擦边球。香帅若知三江师范若干年后还会与外国人所建学校合并的话，可能会觉得当年校名起得尤不够气魄吧。

当然，以上或有妄自揣测之成分。回到历史唯物主义的视角来看，两校还是以相互扶持为主流。金大成立之时，为其题写"金陵大学堂"之校名者，正是主两江师范的李瑞清。而金大作为南京最早的高等教育机构，为南高、东大培养了不少师资人才。兹举一人为例：哲学大师刘伯明，博学多知，学贯中西，在金大时便被称为"文学院在学术上对内充实、对外开展最有功者"，后被郭秉文挖去南高行副校长之职。学生谓之"高标硕望，领袖群伦"，对其敬爱程度据说甚至胜过校长，为其上尊号"南雍祭酒"，白话就是"国家最高学府南派掌门人"。金大校友

南京大学迁至金陵大学校址

也认为:"幸刘伯明博士入主南高校务,彼以超然态度,竭力倡导两校在教学与课程方面之合作,于是两校一面竞争,一面合作,此对于提高两校之学术研究与气氛,实有莫大之正面影响。"可惜刘氏早逝,不然两校之成就可能更大。

更重要的是:两校之精神学风息息相通。南高实施"三育并举"(训、智、体),金大推行"三育教学"(人格、科学、民主);罗家伦倡导"诚朴雄伟",陈裕光确定"诚真勤仁",可谓同气连声,相得益彰。两校皆秉"知行合一"之道,如两江师范购入不少农田耕牛为学生上博物课所用,使学生知稼穑之艰辛;而金大农学院招生考试,考生须用半天耕种一方田地的成绩作为入学标准之一。如此默契,故在历史之重要关口,两校常常并进齐退,同频共振。

1952年,全国高校经历了一次规模与程度均空前的调整重组。经此调整,南大、金大之文理学院合并,仍名南京大学,两校终于共振为一体。

双重视角。1952年的全国院校调整影响至深,可以说今日中国高校之基本格局便由此而奠定。南大经此调整,七大学院之工、农、医、师范全部独立,法学院主体亦迁至他校,基本只剩文理;42个系科减少成中文、俄语、西语、历史、地理、地质、生物、气象、心理、数学、天文、物理、化学13个系。原中大、金大之档案,均由南大承管;因工科实验室及装置拆卸费事,故南大旧址留予新成立的南京工学院,学校迁至金大之校园。站在学校角度看,不少人认为调整结果失大于得。但是,如果我们"放宽历史的视野",或许可以有个更全面的认识。

先从国家的大背景看,全国高等教育布局确有诸多不合理之处。其实当年美国教会亦有院校调整之举,金大之医学院就被迁往齐鲁大学,甚至有并数教会学校为"华东大学"之设想,可见院校调整有其必要性。当时大规模工业化建设在即,国家以培养工业建设人才和师资为重点,发展专门学院,对综合性大学予以整顿和加强。事过多年再回望,应该说,院校调整实为重要的战略举措,对我国大规模、高效率地培养社会建设人才居功甚伟。因此,站在伟大的中国工业化之高度,岂忍对之予以过度低评。

再从地区的中尺度角度看,当时华东之院系调整以上海、南京两市为重点,实则是按照计划经济的方式,欲将上海和南京分别打造成华东地区之中心与副中心。有较真者比较了院校调整前后南京的高校教师规模,证明全市文教力量实较前明显增强,说明院校调整并无所谓打压"前朝旧都"之思维。如南大新建的天文系,至今独步海内,乃是集合了中山大学(全国第一家天文系诞生之地)、齐鲁大学(标志性景观天文台望远镜都搬迁至南京)等院校力量的结果。如此调整显然是考虑到与紫金山天文台就近合作而采取的全国一盘棋式之布局。

即从学校自身的小生态看,南大所保留之文理学科也基本都得到了加强,其他以南大拆分出的院系专业为基础而建的学校也是如此。有人将当年南大或中大之实力,等同于其拆分出的各院校(有七八家至十余家之说)实力之和,未免过誉。实际上,无论南大还是其他同源学校,在组建过程中又吸纳了20所左右其他院校的系科专业,有

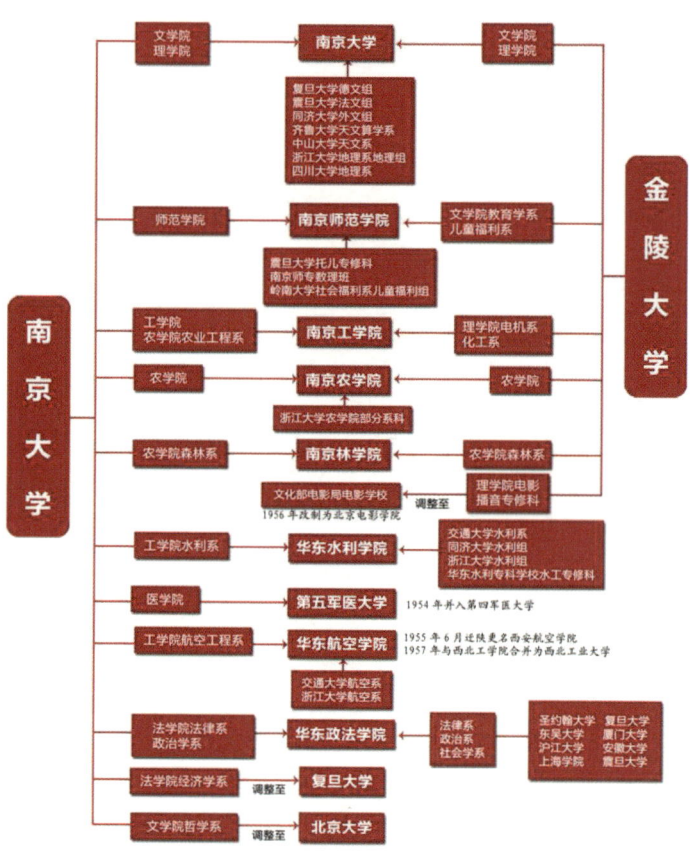

1952 年院系调整学校重组示意图

些学校的王牌专业之主体还是他校带来的嫁妆。所谓君子成人之美不必多言,他人成我之美更不应讳言。

所以,即便以学校角度观之,遗憾难免,但也不至于新亭对泣。论及院校调整之失,最大者当属过于忽视综合性、多学科之相互融通借鉴的重要性。概言之,当时培养人才的口径只重精深,不重博大,却不知真正的顶尖大师之培养,博大之重要性可能还在精深之上。调整后几年,学校有人总结了三大损失:其中"人去楼空"之短痛,几年间便扭转甚至大幅超越;"断腿残足"之外伤,几十年间渐获弥补;唯"五痨七伤"之内损,迄今仍有痛焉。

总之,对于院校调整中的南大,如孟子所说,有不虞之誉,有求全之毁。而南大风格以诚为先,光明磊落,也如孟子所说,仰不愧于天,俯不怍于人,继续得天下英才而教育之,奋发前行。学校后来的发展也证明了这一点。

双子赤心。孙叔平(1905—1983),江苏省萧县(今属安徽)人;郭影秋(1909—1985),江苏铜山人。二位早年均投笔从戎,到南大之第一身份均系政工干部:孙氏1949年以军代表身份参与接管中大,后任南大副校长,1953年任南大第一任党委书记;郭氏更曾任司令、政委,1957年自云南省省长之位主动请调南大,任南大党委书记兼校长。二人都具有老一辈党员干部的普遍特点,牺牲小我,不计得失,忠心赤胆以为党奉献。在党的政策与教

孙叔平　　　　　　　　　郭影秋

育发展规律相契合之际，自然都能推动学校事业顺利发展。

孙叔平主持党委工作期间，学校三年间建筑面积增长一倍半有余，难得的是几个大型建筑与金大旧建筑保持了风格的一致——此物质建设之成就。1954年6月16日，校务委员会作出两个决议，其一确定南京大学历史自三江师范学堂创办时（1902年）开始。在当时的政治氛围和社会环境下，此举既无攀龙附凤之荣，又无吸睛宣传之利，不说会造成负面影响，至少不能为学校及决策者本人带来任何利益（像南大若干拆分出的院校当时就自定位为社会主义新型大学，认建校时间为1952年）。其二是定校庆日为5月20日，以纪念1947年为反独裁、争民主而由中大学生始发、被毛泽东主席称赞为"第二条战线"的"五二〇"运动。这两条决议均反映出对历史的尊重——

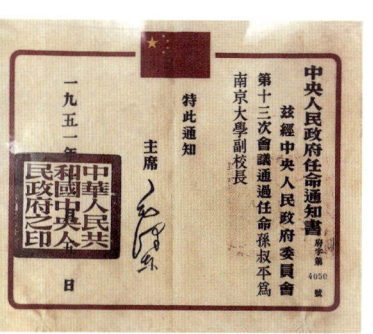 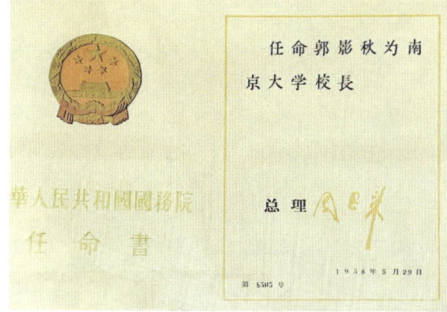

毛泽东主席签发的孙叔平任命通知书　　周恩来总理签发的郭影秋任命书

此精神建设之成就。

郭影秋掌南大期间，学科建设发展迅猛，学校专业及专门化之数量三年间竟增长两倍，学生数量也远超当年中大、金大鼎盛时之总和。学校又将每年的5月20日校庆日定为学术活动节，此传统一直延续至今。1960年初，校务委员会正式通过学校规划纲要，立志三年内，把南京大学建成为全国综合性大学中规模最大、质量最高、一切工作最先进的大学之一。同年，学校进入国家重点高校行列，这些都为学校后来重回全国高校之最前列打下了基础。其时距院校调整已有8年——永远不要低估一颗冠军的心。

作为党政干部的同时，孙郭二人又都有知识分子色彩，尊崇学问教育。在大政方针有时与教育规律不合的情况下，他们所做的,也只有在坚决执行政策之前提下,施加自身影响尽力补偿。在1956年,孙叔平便提出了"具有中国特点的社会主义高等教育"之命题,提倡"'自由讨论,百家争鸣'的方针和独立思考、独立工作的精神""多开几个窗户,多找几个借鉴",做出了在那个时代具有相当深度的冷静思考。郭影秋于1957年"反右"运动后期来校,便强调"学校毕竟要以教学为主"。"大跃进"后他又要求师生"坐下来,钻进去,认真读书"。郭氏不只停留在口头,更付诸实际行动。"反右"后不久全国高校又掀起对权威教授的"拔白旗"运动,而南大进行了相对低调的处理。1957年他还设家宴为中文系陈中凡、胡小石、汪辟疆三位资深老教授祝七十大寿。后来郭校长又把在他

20世纪50年代的校园

校被打成右派的戏曲学大家钱南扬请来南大任教,分配住房,温暖了诸多乍寒之心。

孙叔平实为哲学大家,又擅讲学,建国初期为学校师生做报告,听众多至礼堂不能尽纳。有老教授言,接受马克思主义即自孙叔平辅导报告始。郭影秋则长于文采,南大60周年校庆际在老教职员工奖状上亲题"桃李盈门露未干"之诗,颇有古人风韵。二人年岁相仿、寿数相近,离开南大后都未脱学术、教育界,一番坎坷经历后,暮年欣逢改革开放,似又焕发青春。孙书记欣然领南大哲学系主任之职,著书育人,成果丰硕;郭校长文兴大发,于南大80周年校庆际又撰长联一副,展望"两江情采、四壁弦歌;八十年代、千秋事业",可谓逸兴遄飞。那是时代风貌使然,非勉力强求能做出的。

第六节　匡正知能破条框,钦高识敢踏岖嵚

20世纪60年代愈演愈烈的"左"倾思潮使得各大学均承巨压,至"文革"终受重创。此时期欲匡扶坚定心中的真知正道,必须能打破各种条条框框之束缚,所幸南大其时正有一位如此之领导者匡亚明。80年代国门打开,世界先进水平令国人汗颜,钦慕学习自是情理之中,而唯有不失自信、不畏崎岖的攀登者,方能到达顶点,所幸南大其时又有一位如此之领导者曲钦岳。

匡亚明

决事者匡亚明（1906—1996），江苏丹阳人。他与孙叔平、郭影秋一样，都是忠诚的革命者出身。青年匡亚明在上海从事地下工作，敌方见其才而欲收为己用，乃行反间计散布其叛变自首的假消息。中共特科遂派人锄奸，致其重伤。敌方随后对其百般诱降，岂知受此天大委屈的匡氏坚决不更信仰，换来入狱拷打。出狱后他到县城当教师依然心向革命，于是又几番入狱，直至国共结成抗日统一战线时方为党组织营救出来。所谓板荡识诚臣，但不知能经受如此程度考验的能有几人。

1963年，匡亚明接替郭影秋任南大校长兼党委书记，他在学生面前的亮相是在食堂。据学生回忆，学校请全体毕业生在大饭堂吃饭，匡校长"抖抖擞擞爬上一张小方凳"，讲了三句话，大意为：祝贺毕业、报效祖国、保重身体。从这个见面会即可窥见匡氏决毅果断风格之一斑。

首先，爬上个方凳便讲话，从行为分析学的角度讲，登高而招，可见有眼光；顺风而呼，可见有魄力。当然，理论还需实践证明，匡校长后来的作为证实了他确有担当精神。比如当时推荐"生动活泼主动学习"的学生标兵，有人提出该生只专而不够红，匡氏组织考察，亲约谈话，定其为"成长中的典型"。此生后来在改革开放10周年时曾被评为中国改革十大风云人物之一。又有历史系青年学者，因反驳关于太平天国历史人物评价的某有背景之文章，遭到点名批判。批判会前，匡氏遇之，只嘱道"不要紧张，再写文章"，令其感到莫大欣慰与安心。改革开放后，此学者领导南大历史系成为太平天国史及中国近现代史研究之重镇。匡氏果然是"匡扶"之校长，而非"条条框框"之领导也。

其次，毕业仪式只讲三句话，句句实在有用，可见匡氏行事干练利落。试想，一众青年人吃饭之际，领导还要长篇大论，该是何等犯嫌。此道理本来甚是明白，偏偏总有人不知。其实学校发展阶段，许多战略大事，其情势也如青年人聚餐等开饭一样急，所以匡氏之雷厉风行正契合学校需求。上任次年5月，他以快刀斩乱麻之势，破例将104名青年教师晋升为讲师，还规定每年校庆期间，都要提升教师职称，使教师受到极大鼓舞。须知学校多年来讲奉献，相对少评了一次职称，此中固有经费紧张等因素，但当时将提高个人待遇贬低为物质刺激之思维亦是一个原因。所以，此举其实是带有一定政治敏感度的大手笔，但确实是慢不得半分。此后值"文革"，15年间学校再无晋职之事，而此次集体晋升者乃成为拨乱反正后挑大梁之中坚，包括20年后继任南大校长的曲钦岳。

再次，能够因陋就简，可见匡氏艰苦朴素，不重虚文。匡氏明白教育需要投入，向上级争取教育经费之积极性为1949年以来南大领导所未有，但这绝不意味着其本人讲究物质生活。1964年中法建交，南大为国承接培养法语人才之任务，但教室缺乏，他便将校部机关搬到简易平房办公以腾出教学场所，后机关遂在平房工作多年。他暮年一度住在南大筒子楼，曾在陋室中接见外宾，直到调任江苏省人大常委会副委员长才离开，实践了自己"在教职工宿舍问题解决前不搬家"的承诺。这般情怀，便李瑞清复

南京大学校部机关长期办公所在的平房

生,也必颔首笑曰"嚼得菜根,做得大事";罗家伦得见,亦当拱手赞曰"诚朴雄伟,斯之谓也"。

在匡氏的感召与带领下,师生员工建设学校之热情高涨,在前期科研的基础上,奉献了全国高校第一台计算机,以及"分子筛""华南花岗岩""金属缺陷""内蒙古草原综合考察""大米草引种与利用"被时人称为"五朵金花"的突出科研成果。可惜,这样的发展势头被1966年爆发的"文化大革命"所打断。

"文革"骤起,南大、北大二校校长为最早被打倒之高校领导,批判宣传覆盖全国。结果南、北二大领导者之

匡亚明出席程千帆八十寿辰庆祝会

名纵在小县城亦广为民众所闻,一时知名度之高恐怕在世界大学历史上亦难寻可匹敌者——却是在如此场合。

"文革"之后,匡亚明复出,成为南大历史上唯一两度执掌学校之人。此时的古稀老人,自不能再像15年前那般抖擞亮相。据在场学生回忆,只平淡言谈举止间便可感受其气场夺人,这大概就是岁月之积淀吧。复出的匡校长依然创举频出,比如诚邀在武汉依令退休的程千帆教授来校,使得程氏再创学术之黄金时代,而南大也成海内外中国古代文学研究之一极。正是大师名校两相成全,更留下现代版三顾茅庐之佳话。一次会上,程先生引古人语对匡校长言道:"不遇明公,荆州老从事耳。"匡校长就是于历史转折时期,以决断果敢之魄力,使南大当之无愧地居于国内最卓著高校之列的"明公"。

匡氏1982年改任南大名誉校长,晚年倾注心血发起和主编逾200卷之《中国思想家评传》丛书并亲著《孔子评传》。此丛书完成之际,匡校长已逝10年矣。人说若非主持此宏伟工程,匡老晚年或可更安逸长寿,但也失去一份充实和意义。后人揣度,这两种生活状态,如让老校长自己选择,恐怕他还是会取后者。

拓事者曲钦岳。1935年生,山东牟平人,天文学家。1978年由讲师破格提升为教授,1980年当选中科院学部委员,是当时全国最年轻的学部委员之一。有个谜语谜面为"歌颂泰山",打一科学家,谜底正是"曲钦岳"。此谜语好就好在不仅字面相扣,而且气质吻合。

1984年春,国家采纳匡亚明等离休老校长的建言,决定给予若干所高校以"重中之重"的扶持,之后公布的5校名单中却没有南大,导致5月下旬学校发生一场风波。

曲钦岳

当年8月,曲钦岳就任校长。时任国家教委主任来校讲话,肯定南大成绩,言重点支持非仅看学术水平,亦考虑地区因素等,随国家财政好转会增加支持……此时的曲氏,受任于挫折之际,挑战不可谓不严峻。

然而曲钦岳,或者说南大的风格,偏就愈挫愈奋。曲校长有位文武双全的山东老乡,名叫辛弃疾,800年前自北来南后,立马给南宋朝廷上书,偏不信吴楚不能抗衡于中原,建议经泰山而北伐燕地。曲氏亦兼运动员与科学家于一身,自带不服输之气质。他上任后历3个月调查研究,制定学校6年发展规划,带领南大上下一心,开拓改革。数年间,南大即被列入国家"八五"期间重点支持高校之列,很有些辛弃疾词中所赞之"坐断东南""天下英雄谁敌手"之势。

于是曲校长更生远大志向。在此恐需借助他另一位名气更大的山东老乡,大思想家、大教育家孔子的名言:"登东山而小鲁,登泰山而小天下。"夫子和泰山这种不在小圈子里争高低,而以天下为尺度之气象,为曲氏所习取,借以不断开拓学校之境界。一是开拓学术视域。他接受专家提议,引入美国《科学文献索引》(SCI)作为教师考评指标,以避免人情关系,推行科学计量,其结果是引导南大向世界一流看齐。自 1992 年起,南大在这一反映基础研究实力的学术排行榜上连续七年位列全国高校第一。此举远见卓识,一马当先,万马奔腾,不独南大受益,更有人道是南大将中国科研带到了世界舞台。二是开拓学科设置。匡亚明时代已开始打破学校单纯文理的框架,至曲校长时,商、法、医等学院陆续成立,工科亦有不少拓展,不少举措开国内高校风气之先。三是开拓办学空间,1987 年浦口校区开始建设,1993 年接纳第一批学生。当年罗家伦校长建设数千亩校园、上万人大学之设想,终于彻底实现。

到曲校长卸任时,学校在各项较重要之办学指标上,如国家重点学科、国家重点实验室、学部委员(院士)数量等,基本上都位居全国高校第三,甚或更高。1995 年,国际两大顶尖学术期刊不约而同载文讨论中国科研:11 月,《科学》(*Science*)列出中国 13 所"最杰出的大学"

南京大学浦口校区奠基仪式

名单,南大居于第二;12月,《自然》(*Nature*)刊登《中国之科学》一文,认为南大"位居中国高校的前三或前四强之一"。曲氏离职前夕,南大波澜不惊地通过了国家对首批7所高校"211工程"可行性的考察;又3年,国家启动"985工程",首批重点资助高校为南大等9所,即今日高教界的C9联盟。

曲校长任职期间及此后数年,总有人惊叹南大崛起。实则:放眼校史,当年两江停办,后有南高青出于蓝;东大易长,后有中大更上层楼。学校风格平日里便低调温和,所以有时看似将泯入凡尘,谁知憋起一股子劲来,几个吐纳又飞回云端,正如泰山在地质史上几度升沉而坚忍不拔,终成五岳独尊。有人说,这就是名校的底蕴。当然,再深厚的底蕴也需杰出领导力的运筹奔忙、殚精竭虑,方能充分调动潜能。曲氏上任时有言:"绝不能因为害怕走错一步而徘徊不前。"这份魄力与决心气冲霄汉,令人想起一首歌颂他的正宗牟平老乡、革命英雄杨子荣之曲词中所唱的那样:"明知征途有艰险,越是艰险越向前。"而经历了泰山十八盘,终将"会当凌绝顶,一览众山小"。

曲钦岳行校长之职直到1996年,正式卸任于1997年,前后13年,以开拓创新、敢闯敢干的风格,成为自三江师范至今学校任职时间最长的校长(不算金大系列),从一个侧面反映了那个时代的风格。

新的世纪。进入21世纪20多年,中国又取得了震撼世界的进步和成就,中国高等教育在世界上的影响力亦迅猛增长,各高校之间的竞争真如华山论剑一般日趋激烈,不进则退,慢进亦退。

此阶段,学校知足亦知不足。知足者,少外向扩张。自20世纪90年代中后期起,中国掀起一轮高等院校合并之浪潮,少则二校,多则七八校,并为规模庞大之一单位。十几年过去,南大成了老牌名校中唯一未合并的大学,相对规模便显得偏小。如此一来,有时在一些排行榜的指标上较为吃亏。知不足者,学校正视挑战,着力内涵式发展。90年代便在江北浦口地区征地建设了近3000亩新校区,约为本部面积之4倍。2009年南京东郊约3000亩之仙林校区又正式启用。城域之外，2020年9月，南大苏州校区开工建设。一校四校区，各具重点功能与分工，协调运作，四轮驱动，在国内亦属罕见。

与之对应，学校有为亦有不为。有不为者，不贪大求全。比如中国的SCI论文数已从改革开放之初在国际排名中找不着影到如今雄踞世界第一，而南大此时的状态则是"待到山花烂漫时，她在丛中笑"。有为者，要积厚攀高，学校于此阶段将目光瞄向了高端学术成果，精准发力，以提质增效。而《自然》集团仿佛与南大遥相呼应，自2014年起，集数十种各学科领域之高端期刊数据，设计"自然指数"，成为高质量科研成果之重要参照。于是学校的自然指数便自然而然地一直排在中国高校最前几位，第一名之经历也并非陌生。现在教育界对唯论文之做法多有反思，是为必要。但是，须知任何事难以十全十美，在具体操作中，南大并没有"唯"论文，并且能进行有关反思恰恰是建立在30多年前以论文引领带来的进步所打下的基础上。

2006年至2007年间，学校之科研成果耸出文理双峰，引得举国瞩目：一峰为皇皇巨著《中国思想家评传》丛书出版。这套凝聚着匡亚明老校长心血的丛书被学术界和新闻界誉为世纪之交"我国正在进行的规模最大的传统思想

《中国思想家评传》丛书

文化研究工程",逾200部,6000万言,列为传主者270余人,也是对毛泽东主席"从孔夫子到孙中山,我们应当总结,继承一份珍贵遗产"倡议的落实,当之无愧地荣获首届"中国出版政府奖"。另一峰为国家自然科学一等奖花落南大。此奖非同小可,1999年国家奖励制度改革,以重大原创性成果为导向,宁缺毋滥,国家自然科学一等奖遂空缺数年,被视作中国科研皇冠上的明珠。而南大一举摘之,算是破了天荒。项目主持者为物理系闵乃本院士,也是匡亚明1964年拔擢晋升的青年教师之一。两项成果可谓对匡校长100周年诞辰的最好缅怀。而若细讲究起来,这两年亦恰逢张之洞170周年诞辰、李瑞清140周年诞辰、江谦130周年诞辰、郭秉文执校政90周年、罗家伦和吴有训110周年诞辰、陈裕光就校长职80周年。南大人愿意相信,这两年的成果井喷,得到了前辈先贤在天之灵的庇佑助力。此并非全然是虚托,因为学校师生的严谨、求实、勤奋、创新之精神,与他们当年的奉献、打下的基础和锻造的校风密不可分。

2022年,学校成立120周年,合两甲子之数,在中国传统中为重要标记年份。是年,学校12项原创性成果在《科学》和《自然》发表,以有限之规模,成为国内第五所单年在两刊发文破十的高校。是年,学校自然指数创历史新高,为国内高校第三,全球高校第五。是年,学校16个学科入选第二轮"双一流"建设。是年,学校在全国第五轮学科评估中较上轮取得史诗级进步,12家学院

南京大学闵乃本院士团队获得2006年度国家自然科学一等奖

南京大学120周年校庆日的升旗仪式

获颁南大"学科建设突出贡献奖"。

是年5月20日,南京大学隆重举行建校120周年庆典。学校在两个甲子的历史发展中,所经起落之多之剧,大概世界高校范围内也不多见。而其文脉经久弥盛,内在的原因,便在于学校始终与时代共呼吸,与民族共命运,以报效祖国和服务人民为自觉追求。今日,南京大学在新时代的春风中,更是生机勃勃、前程远大。

下篇

前程

下篇　前程

钟山碧映，自古南雍称极盛。今日尧天，万木欣欣更向前。　　精尖广博，乐育英才齐卓荦。成果辉煌，刻苦攀峰世界扬。

作这一首《减字木兰花》词的，是我国现代词学大师、曾在南京大学及其前身求学执教的双料校友唐圭璋教授。此词系 1995 年为贺学校研究生院成立而写，考虑场合受众，便去了些古韵诗味，但对学校之历史地位、当下目标、未来希冀，寥寥数笔间无不精准勾勒。本篇便化用此词中之用语而作章节标题，展示介绍今日学校之各院系学科情况及校园人文地标风貌。

截至 2023 年，学校共设 33 个正式院系之名目，又有若干直属教学科研单位。以此为基础，本书根据学科归属情况，视情去留添并，整理为 30 条，分为三类介绍，即以下三节。校歌所谓"如鼎三足兮"，诚不我欺。

第一节　一贯百年称极盛，无穷微妙探精尖

"一贯百年"系指校内历史既悠久、传承又始终不辍

文学院

的院系,其学科实力在中国高校基本上处于最前列,而止境无穷。

文学院之前身为中国语言文学系。学校自诞生以来便有高水平的中国语言文学之教学与研究,百多年来一以贯之。因此,介绍文学院的最大麻烦便是史上当下的大师名家、伟业轶事太多太盛,光罗列姓名似显枯燥不敬,要分论细说则实在篇幅有限,且难免挂一漏万。正无个头绪可作纲领,恰好想起廿余年前、千里之外、芥豆之微的一个青年,只因忽地萌生就读中国语言文学专业研究生的志向,也不管自己对业界之了解完全是一小白,便向自己心目中最顶尖的3家中文系投信发愿。这愣头青从未到过那3所高校，也不认识其中任何教师与学生，当时互联网尚未普及，只有纸笔邮寄，如此联系几乎无异于投石入海。事后他回想，也笑自己荒唐。不料两周过后，却有信函从且只从南京来。开封视信，原来是南大中文系的招生简章，上专业介绍、参考书目一应俱全。青年便如迷雾中见到指路明灯，凭此回信，断定此校此系是正大光明、值得付出的地方。惊喜之下发奋研读，次年竟跻身南大中文系。历数年濡染，始觉当初慕名，犹是雾里看花；待亲身体会其高度、厚度与温度，方真正明了该院何以有顶尖之称。当年的青年如今已成中年，正执笔悠悠介绍南大，回首间不觉茫茫若梦。

历史学院源远流长，有标杆宗师柳诒徵自三江师范起即在校任教，后入选部聘教授和中央研究院首届院士，史学界兼获此二荣誉者另只有陈寅恪。他与弟子缪凤林、向达等曾被认为是史学南派引领，"与北派之史学桴鼓相闻，亦可谓极一时之盛矣"①。其实，细检中大历史系，系主任

柳诒徵

---

① 引自抗战时期中大历史系主任金毓黻为本系刊物《史学述林》题词。

有近代史开山郭廷以、世界史奠基人雷海宗、北派名尊朱希祖、古代史大家贺昌群等；教授有古史辨学派大师顾颉刚、史学史旗帜白寿彝等。足见各派共聚一堂，百川俱注于海，甚少门户之限。1952年，中大、金大两支史学力量融合，得中国近代史学科草创先驱之一陈恭禄、唯物史观名家罗尔纲等加入，声势尤壮，南大遂继续为史学阵营领衔之一。传承积淀下，1981年中国首批文科博士生导师名单中，本系有蒙元史、边疆史巨擘韩儒林、英国史开拓者蒋孟引、国际关系史权威王绳祖三教授赫然在列，人数居全国高校历史系第二。中国第一个地区史、国别史博士即出于本系。今日学院在中国史、世界史、考古学、国际关系、民族学、外交学等领域皆具雄厚实力，一如百年前柳诒徵先生为学校大会堂题写匾额所云：美尽东南。

外国语学院给人印象似多新学洋派，其实东大时期中国第一个西洋文学系之缔造诸公，如我国首位留美文学博士梅光迪、比较文学奠基人吴宓等，同时亦是以文学复古闻名的学衡派之 founding fathers。正如与二人齐名、后任部聘教授的楼光来所说，要英文好，中文一定也要好。他以身作则，把学校英、中二系主任及文学院长都当了一通。较"三杰"稍后来校的希腊拉丁语权威郭斌龢后来在浙大又重演了楼氏故事，正说明语言文学到至高深处，已相互融通矣。所以，民国时期本院教师如闻一多、徐志摩，学

诺贝尔文学奖得主勒克莱齐奥为学生授课

生如吕叔湘、余光中,皆能以中文诗歌或语言学研究著称;1949年后之首批博士生导师陈嘉、范存忠、何如(当时全国高校外语领域共10位博导),也都在中国戏剧诗词上造诣高深,恰是一脉相传。

旧时代金大学子英语演说辩论会拿奖拿到手软,却着长袍马褂,成为一道风景;新社会南大学子在伦敦国际英语演讲比赛中战胜母语选手折桂,与美国名主播约辩,轰动一时。昔日美国作家赛珍珠海阔天空授课,今日法国作家勒克莱齐奥旁征博引讲学(得两位诺贝尔文学奖得主长期任教之院系,恐怕全世界也少见),可见学院上百年传

数学系本科生获2018年首届阿里巴巴全球数学竞赛金奖（全球共4人）

承呼应不辍。学院现设英、法、德、俄、日、西班牙、朝鲜语七大语种，学、教、政、商等各领域人才辈出，为国内最重要的外语专业教学和研究基地之一。

数学系创立于1921年，时称"算学系"，为我国高校第一个现代意义的数学系。创办者是中国现代数学先驱、中国函数论的主要开拓者之一熊庆来，他定义的"无穷极"已载入世界数学史册。中大时期，"中国20世纪最伟大的代数几何学家"[1]周炜良、"富于开创性的微分几何学家"[2]

---

[1] 当代著名数学家，1982年菲尔兹奖得主丘成桐语。

[2] 数学大师陈省身语。

李华宗等大家都曾任教本系，此后亦名师辈出。

这里不多谈祖上之阔，只说改革开放后本系之表现：一方面，于科学研究上潜心原创，被国际数学顶尖期刊连续载文、被国际数学家大学邀请做大会报告，成就名列国内高校前茅；另一方面，于人才培养上倾心滋育，造就若干国际一流数学家和应用数学家，从本系走出的中国科学院院士数目前居全国数学系之冠。这在很大程度上或可归功于南大数学系之氛围，如系内某教授尝对学生言："高学分有什么用，学得带劲就完事了！"而这正是数学研究乃至全部科学研究中最难得的一种发乎本心、淡薄功利、砥砺前行的精神，一种对知识本体的执着。唯有如此，方能发幽探微而至于"无穷极"。

物理学院源于1915年南高理化部之物理学科，一直是我国最有影响的物理学教学与研究机构之一。中国近代物理学草创时期屈单手之指可数的几位大宗师，学院曾拥胡刚复、吴有训、叶企孙三位；成长时期，复有严济慈、赵忠尧开宗立派；建功立业时期，更有朱光亚、程开甲获"两弹一星"功勋奖章，还有施汝为、陆学善、余瑞璜、杨澄中、魏荣爵、汤定元、冯康等一批为新兴分支学科奠基的科学家。20世纪末，冯端、闵乃本、王业宁三院士领衔之"固体微结构物理国家重点实验室"被《自然》评为"亚太地区除日本外少数几个接近国际水准的研究群体"；21

美国为吴健雄发行的纪念邮票

世纪初,学院又勇夺空缺数年的国家自然科学一等奖,一时业绩之雄伟海内无伦。

而与之形成鲜明对比的,则是学院行事之诚朴。比如集居里夫人弟子与吴健雄授业师于一身的施士元教授,联结两代科学女王,此成就他人可以吹几辈子。老先生谈及这些却只有云淡风轻的一句"天上掉下来的",不萦于心,无怪乎能享百岁高寿。学校物理学科之所以百余年来能始终居于全国第一阵营,一重要因素便在于其既能奋进如雷霆,又能淡泊如烟水之波粒二象性也。

天文与空间科学学院之前身天文学系创建于1952年。如今人们对脱离世俗低级趣味、执着追求科学或社会真理之风范有一个诗意的描述,叫作"仰望星空"。然则仰望星空哪家强?答案是南大天文远名扬。学院是全国高校中历史最悠久、培养人才最多、历次学科评估成绩最佳的天文学专业院系,在我国近代天文学主要奠基人张钰哲、现代天文教育主要开创者戴文赛等先辈的精心打造下,曾诞生中国自己的第一套天文学教材,建成中国第一座塔式太

林校区天文台

阳望远镜,走出以我国航天测控技术的开拓者、太空"牧星人"李济生为代表的新中国最早、最雄厚的一批天文学中坚力量。2020年11月,"羲和号"探日卫星发射成功,创下5个国际首次,开启了我国空间探日新时代。学院全面参与了工程之整体过程,为国家重大科技进展再立新功。也是这年,学院深度参与的快速射电暴研究被评为世界十大科学突破之一,继续在仰望星空的同时被世人所仰望。

化学化工学院是我国最早设立的化学院系之一,始建于1920年,办学水平一直保持在全国高校领先行列。院系调整时中大、金大化学系科合并,堪称强强联合之典范。中大有吴学周、庄长恭、曾昭抡三位院友当选首届中央研

化学化工学院

究院院士（化学化工领域共5位）；而金大先后两任校长皆为著名化学家，陈裕光为首届至第四届中国化学会长，李方训为世界著名科学史家李约瑟所盛赞，后当选中国科学院首届学部委员。新中国的重大科技成就亦凝结着院友的智慧与汗水：任新民获"两弹一星功勋奖章"，闵恩泽、张存浩获国家最高科学技术奖。而无论是拥有配位化学、生命分析化学两个国家重点实验室之罕见配置，还是培养中国第一个无机化学博士、在各类排名中均位列全球前茅之赫赫声名，抑或是2022年最新一轮学科评估再创佳绩之优异表现，都源出学院之精神内核。此精神内核之要点，恰包含在两位为学校奉献 70 多年、分别来自原中大和金大的长寿院士之中。两院士名为高济宇、戴安邦。

地球科学与工程学院源出东大时期的中国第一个地学系。人言南大学科,有"顶天立地"之说,即天文和地学。虽不全面,却也说明学校地学与天文一样出类拔萃,而垂名更久。中央研究院首届院士中地学领域共 7 人,其中竺可桢为学校地学鼻祖,朱家骅、李四光曾任学校校长,黄汲清、谢家荣亦为院友。

院系调整后本院更是如虎添翼。20 世纪 60 年代,南大科研标志"五朵金花"中的两朵为本院所贡献;80 年

地球科学与工程学院学生在俄罗斯贝加尔湖科考

代，国内首个独立承办的国际学术会议为本院所召集，第一位构造地质学博士和矿床学博士为本院所培养；90年代，成立"内生金属矿床成矿机制研究国家重点实验室"；2022年，学校地球与环境学科之自然指数位居全球第一。至于地学专业标配之野外考察，一则是为国家摸清家底、发现财富，职责光荣之至；再则世之奇伟、瑰怪、非常之观，常在于险远，故本院师生所览之胜，远超一般的旅游达人。正所谓：与其跟风当驴友，不如长作地质人。

地理与海洋科学学院与地质科学与工程学院同源，外人常不知两者有何区别。最粗略地说，地质学是研究地下，地理学是研究地表，同时更多出了人文内容。当然实际情况远较此复杂，实在搞不清的话，只需记着南大这两门学科都在国内最强档即可。首届中央研究院院士胡焕庸、我国人文地理学开创者张其昀、地理教育开拓者黄国璋等当年齐

鼓楼校区内的中国地学宗师竺可桢塑像

大气科学学院的科学实验飞艇

聚本院,成长为自出体系的名家,后赴大江南北、海峡两岸开辟学脉,1949年后任美锷又将学院领域拓至海岸海洋研究。而本院学生之培养,大概也最当得"桃李满天下"之誉。什么"五洲四海"已然力度不够,须知国人中首次登陆南极、踏足北极者,皆出自本院,更有见证人类首次从北坡登顶珠峰的攀登者、创造世界科学家潜海纪录的巾帼英雄。今日之学院依然兵强马壮,从雪域高原到鱼米平川,从云峰雾岭到海岸滩涂,从南海到非洲,正在矢志不渝地为科学、为国家、为人类做着新贡献。

大气科学学院前身为我国第一个气象学系,也是我国现代气象教育的发祥地。"两弹一星"功勋奖章获得者赵九章、国家最高科学技术奖获得者叶笃正等大家曾任教或求学于此。本院百年来，既有20世纪20年代起与中央研究院气象研究所几乎合体之乘法，也有三四十年代先后自地学系、地理学系析出之除法；既有1952年院系调整时他校力量汇入之加法，也有1963年气象学院独立建校之减法。

但无论如何变化，本学科始终位列全国顶级，正是"乘除加减，上有苍穹"。说到苍穹，2019年南京市民报告说苍穹下有硕大白色不明飞行物盘旋，事后乃知是本院执行首批国家重点研发计划所放之飞艇。南大各院系在民间之凸显度，鲜有过此者。如今气候变化、大气污染等问题已成全球热门话题，本院师生更加大有可为。不独气象、环境、新能源等领域，甚至我人民海军第一位女舰长亦毕业自本院。这大气专业出来的人就是大气。

生命科学学院最早可溯源至1914年成立的金大农科，而两江师范毕业生秉志1921年创立的东大生物系和1922年领导的中国科学社生物研究所，分别为我国第一个生物系和最早的科研机构之一，二单位异名同体，时为我国生物学研究之中心。蔡元培云："在中国当代的著名生物学家中十有九个以这样或那样的方式与这个研究所发生关系。"也无怪乎后来的首届中央研究院院士生物组25人中，半数以上与学校直接发生关系。近世生命科学发展迅猛，院友中卓越者或能融会百科成就大师，如集中国植物分类

生命科学学院

学奠基人和学衡派干将于一身的胡先骕;或能术业有专攻造福社会,如国家最高科学技术奖得主、"黄土之父"刘东生;或能以身垂范彰显学科,如享110岁寿、自证所学功效的营养学家郑集。今日学院依托两个国家级科研平台(医药生物技术国家重点实验室、国家遗传工程小鼠资源库)等坚实保障,正凝聚力量,攻坚克难,为下一个百年的辉煌努力奋进。

第二节　脉脉春风放朝蕊,欣欣老木育新枝

此节所介绍之院系,或为1952年院系调整后撤销了

名头,但学脉一直以各种形式在南大延续流传者,春风复苏时,其势头之强劲不逊当年;或因时代科技发展,在原有学科之雄厚基础上拓展交叉而新创立者,因学校深厚积淀所滋养,又成一支劲旅。以下按其建系之时间排列:

哲学系是学校唯一名称历百年而不变的院系,想来作为众学之宗,原该稳重些。本系曾揽中央研究院首批院士汤用彤、现代美学先行者宗白华、"新儒学八大家"中的四位(熊十力、牟宗三、唐君毅、方东美)等杰出人才,1952年却移至北大,至1960年才恢复学科,1977年方重新建系,跟文、史两家比起来,格外经历了一番曲折。

但本系心气丝毫未降,刚恢复便做了番惊天动地的大事业。1978年,以本系教师胡福明为主要作者的《实践是检验真理的唯一标准》一文发表,顿时石破天惊,触

《光明日报》1978年5月11日刊登的《实践是检验真理的唯一标准》

发了全国范围的大讨论，进而启动了新时期的思想解放，成为改革开放之理论先声。马克思有言："哲学家们只是用不同的方式解释世界，而问题在于改变世界。"南大哲学系为此言作了生动注脚，自然也成为全国哲学研究之重镇，比如建有"当代资本主义研究中心"和"宗教与文化研究中心"两个国家哲学社会科学创新基地，为目前全国哲学院系所仅见。2011年，学校主要依托本系又成立马克思主义学院，继承孙叔平、孙伯鍨等前贤成就，在培养社会主义接班人之目标上，一如本系行不改姓、坐不更名的笃定。

计算机科学与技术系起步于1958年，建系于1978年，1993年定现名。在我国计算机领域的奠基者之一徐家福先生、部分研究成果达到国际先进水平的孙钟秀院士等前辈的带领下，学校填补过中国计算机领域的多个空白：调试成功教育部部属高校第一台计算机、实现我国第一个高级语言编译程序、主持国产DJS-210中型计算机和XT-1操作系统等软件系统的研制、研发国内第一个分布式系统ZCZ、培养中国大陆第一位计算机软件博士等。

而作为一门日新月异之学科，最忌沉醉于过去的功劳而松懈。故21世纪以来，本系上下紧追前沿，屡建新功："计算机软件新技术国家重点实验室"15年间连续三次国家评估优秀，成绩全国第一；2022年最新一轮学科评

计算机科学与技术系专家撰写的《机器学习》已成为业内经典教材,被亲切地称为"西瓜书"

估创历史最佳成绩;在代表未来方向之人工智能领域,也已形成一支具有世界级影响的优势团队。依托本系,学校又先后建立了名列全国前茅之软件学院(国家首批特色化示范性软件学院)和人工智能学院(C9高校第一家),为人类科技继续贡献南大智慧、中国力量。

商学院可追溯至三江师范之商科,南高、东大时期,我国管理科学先驱杨杏佛曾任商科主任,但历史上学校的商科不止一次最终都为上海做了贡献。20世纪20、30年代,学校在上海设商学院,马寅初先生曾主其事,是为中国高等商学教育摇篮之一,我国中央银行制度奠基人徐柏园、证券市场先驱王志莘等毕业于此。后独立建校,为今日上

由南大长江产业经济研究院作为主办单位之一的江苏发展高层论坛已成为江苏省委省政府重要咨询平台

海财经大学之前身。学校本部以及金大之经济系（当代中国经济学泰斗吴敬琏就读于此），1952年又调整至复旦大学。

1978年，匡亚明校长复出，作出的首批决策之一便是立即重建经济学系，实是瞅准了中国未来之大势。1986年，管理学系成立，两年后二系并为本院，现已是学校规模最大学院之一。2013年，学院正式获得国际精英商学院协会（简称"AACSB"）认证。2022年教育部最新一轮学科评估，学院堪比大鹏两翼之经济、管理学科均进一步巩固和发展了在全国高校之前茅定位。

法学院之前身为群英荟萃的原中大法学院，惜乎

1952年法律系迁出,直至1981年始恢复,却已培养出我国当下十分之一的省级法院院长。历史上的杰出院友,如民国初年即为法学界领军人物的首届中央研究院院士周鲠生、部聘教授戴修瓒,以及新中国时期法学泰斗王铁崖、韩德培等,均曾博采英、法、日、美之长而为我所用;至1988年学院与德国哥廷根大学共建中德法学研究所,便把世界几大法律体系都凑齐了,而"为我所用"不改。该所已成长为国际性法学合作研究与教学实体之典范,也是德国总统、总理和议长的打卡之地。

2016年,德国前总理默克尔(Angela Merkel)被南大授予名誉博士学位时,与师生开诚布公对话,并对中德

2007年8月,时任德国总理默克尔与南大学生对话

法学研究所表示敬意。关于近年来之发展状况,法学院最新的官方介绍如是说:"在全国高校法学学科百舸争流中,南大法学踔厉奋发,更进一步,取得历史性突破。"

电子科学与工程学院源于 20 世纪 50 年代南大开办的国内首批"无线电物理"和"半导体物理"专业,1984 年以此为基础建系,2009 年学科重组而建院。近几年国人愈发认识到关键核心技术的重要性,而学院则有青年教授放言,对有志于响应国家号召,愿意为"中国芯"贡献力量者,本院乃不二选择。

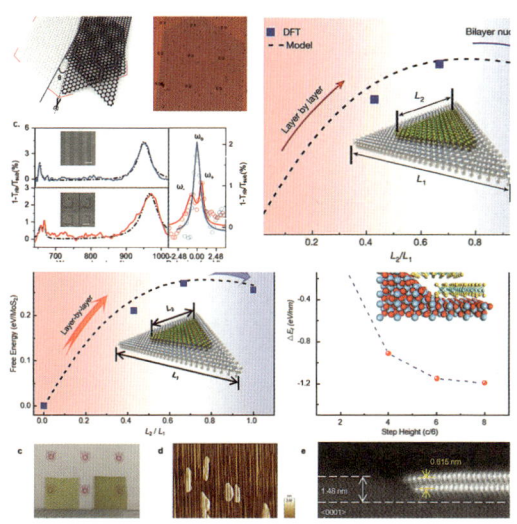

电子科学与工程学院在南大 120 周年校庆前夕在《自然》同期发表两篇论文

此话乍听来似有点与南大风格不甚吻合之狂,但如看学院近年来之成就,包括多次获得大学生集成电路设计大赛等赛事全国一等奖、历次学科评估均位居全国高校前列、2022年校庆前夕在《自然》杂志同期发表两项成果为学校寿、2023年获学校唯一"平台建设突出贡献奖"等,当可明了其背后支撑之实绩、研发之问题着实非同一般,也足证那位青年教授非但未作狂语,甚至可以获"中国青年五四奖章"。学院目前获此荣誉者已有5人,可见其追风逐电之后劲。

环境学院之名简洁明了,听来就给人一清爽利落环境之印象。1978年初创时,尚为研究所建制,却也是国内较早开展环境类教学与科研的单位之一。1984年建系,由学校生物系、化学系、地理系、地质系等相关学科力量组合而成,此后又有若干学科包括社会科学力量加入,1999年建院。其进步历程堪称南大乃至全国高等院校中新兴交叉学科发展之典范。

根据学院自己的总结,其发展有三个阶段:以正式建院之前为创业阶段,其间已取得获批"污染控制与资源化研究国家重点实验室"之成就(与同济大学共建);建院至2012年为发展阶段,当年学科评估,南大环境学科位列全国第三。此后为攀峰阶段,正常理解,那自然是百尺竿头更进一步了。学院官方网页有一系列令人眼花缭乱、

23年6月,环境学院专家主导研制的国际标准《火电厂废水处理与回用导则》)获ISO央秘书处批准正式发布

如密集轰炸似的成果介绍,总之似乎是行业内的全能战士。时人乃撰一联赞之曰:本硕博,产学研,老中青,环环相扣;天地人,文工理,水空陆,境境互通。

信息管理学院办学历史悠久。1913年,美国著名图书馆学家克乃文(William Clemons)在金大开创了中国图书馆学教育。8年后,他推荐金大图书馆一位管理员李小缘赴美留学,李氏回国后便接过其旗帜,长期主金大图书馆与图书馆系,成为中国图书馆学的先驱和近代图书馆运动的倡导人之一。

李小缘

李小缘教授在金大和南大连续工作30多年，不独著书授学，还为学校搜集、保留了大量图书资料、名人手札和文物，并将自己之图书收藏悉数捐予学校，为学为事均遗泽后人，堪称楷模，他的名字后文还会出现。我国近现代图书馆学奠基人之一刘国钧，著名图书馆学家、文献学家施廷镛亦曾在校主持图书馆事务，为本学科大张其目。1985年，图书馆学系重建，并依托现代信息技术发展与时俱进，2011年升格为信息管理学院。在前贤今人的接力奋斗下，学院"图书情报与档案管理"学科（现信息资源管理学科）10多年来一直保持国内领先，图书情报专业硕士和出版专业硕士也居于国内顶尖行列。

政府管理学院源出20世纪20年代的东大、金大政治学系，中大时期更是人才鼎盛：中国现代政治学奠基人、中央研究院首届院士钱端升执教于此；新中国行政管理学领军者夏书章毕业于此；民国时期最早、最具影响力的政治学学术团体中国政治学会创建于此。1949年后数经废立，1986年终复建政治学系，2009年定名政府管理学院，现为国内高校重要的政治学与公共管理研究中心之一。院训"道器相济，兼有天下"，将学术、实践、社会责任融为一体。

本院学生赴云南楚雄彝族自治州双柏县第一中学支教，竟带领从没学过编程的山里娃拿下"2021世界机器人大赛总决赛"TAI智能车挑战赛项一等奖，生动诠释了院训精神。以本院为主要依托，2021年学校又整合中国南海研究协同创新中心等优质资源组建国际关系学院，标志着学校在国际政治、外交与国际事务领域坚定、稳健地迈出了新时代立德树人、服务国家的步伐。

政府管理学院实习学生带领山区中学生勇夺世界机器人大赛总决赛一等奖

社会学院之社会学、心理学、人类学和社会工作等各学科在历史上都有过辉煌：中国社会学、人类学奠基人之一孙本文、人口学先驱柯象峰、心理学"北陆（志韦）南潘（菽）"二大师等都曾在东大、中大先后任教，金大则是当时国内社会工作领域之重镇。

孙本文

在因社会政治原因中断了30年后，1988年社会学系重建，其发展之迅速，用学院专家的话说，"文脉上顽强的薪火传承，让人惊奇于学术的生命力"。而社会学系雄心不止于此，更将重建与其相邻的心理学、人类学和社会工作等系科作为学术使命之一。经20年努力，功业终竟初成，南大社会学科乃雄踞三甲，领衔江南，并于2008年成立社会学院。不过，如认为其干劲仅来自恢复历史荣光的愿望，可就失之狭隘了。学院矢志攀登之根本志向和动力，正如我国社会学和人类学另一位奠基人费孝通先生于南大百年校庆时赠社会学系"系训"所言：创造健康社会。

新闻与传播学院简称"新传院"。"新"者，学院正式建系于1992年，在南大可称小字辈；"传"者，学院源头却可追溯至1936年金大所设之"电影与播音专修科"，是为中国最早的电影广播教育单位和电影专业。二战时期，中大校友胡济邦作为唯一全程深入报道苏联卫国战争的女记者，赢得"战地玫瑰"称号。所以，学院发于先辈耕耘的丰厚土壤，所承者远、所负者大。

本院适应时代的风云变幻，守正创新，不断进步，多

23年5月,南京大学——中央驻苏和省市重点媒体合作交流研讨会在仙林校区召开

个学术指标位居全国高校前列,同时力行"学院即媒体"理念,实践成绩亦足可观。只以2021年计,学院揽"挑战杯"竞赛红色专项两项全国特等奖;在我国唯一新闻教育类奖项范敬宜新闻教育奖第9届的评选中,成为全国高校唯一囊括良师奖(全国1人)与学子奖(全国9人之唯一上台发言代表)的院系。"新传院"之目标,正是欲建设成为不负前贤与真理、名副其实的"薪火相传"之学院。

现代工程与应用科学学院之前身是1993年创建的材料科学与工程系,2009年整合学科建院。历史上学校工科规模和水平均属超凡,茅以升大师自不必说,又有工学院院长周仁为中央研究院首届院士;电机系毕业生黄纬禄

顾毓琇

为"两弹一星"功勋奖章获得者、中国固体战略导弹奠基人;我国第一艘核潜艇核动力总设计师赵仁恺、第一架战斗机总设计师陆孝彭、第一台通用电子数字计算机主要设计者之一夏培肃均为工科校友。

前人之功业事迹,始终督促着后来者莫失莫忘。本院面向人类和国家当下的重大需求,直接瞄准现代工学前沿发力。经十余年之整合,学院聚焦新材料、新能源、光电信息工程和生物医学工程,已入佳境。2022年,本院一项科研成果首次入选年度"中国科学十大进展"。照此发展势头,将来工科也必会在学校历史上继续留下重要印记,正如我国电机、无线电和航空教育的奠基人之一、原中大校长顾毓琇在2002年与学校共庆百岁华诞时(堪与陈裕光老校长亲历金大百年校庆相媲美)题诗所云:"阅江楼上客,千载留芳名。"

第三节 随时代博以增广,迎世界和而不同

此节介绍之院系,有些在学校历史上早已有之且一度辉煌,但学科调整时被整体剥离。不过,后世平地起楼台

式之重建,仍然保持了学校一贯的高水准,这既是呼应历史,更是顺应时代。有些则是在新的历史条件下,应国际交流合作需要而生的前无成例之院系机构,这既是本校渊源所致,更是世界趋势使然。

医学院可以用两个成语来描述:四舍五入、千里挑一。1896年,金大设医学馆,后停办;1913年设医学院,为我国七年制医学教育之萌芽,后移交他校。中大则于1927年在上海建医学院,揽我国医学教育奠基人颜福庆、衣原体之父汤飞凡等大家,惜1932年独立,后发展为上海医科大学、复旦大学上海医学院。1935年中大重建医学院,集首届中央研究院院士蔡翘、我国实验胚胎学主要

2012年12月,美国前总统卡特访问南京大学附属鼓楼医院并获颁南大名誉博士学位

奠基人童第周、心血管学开拓者戚寿南等名师、培养出世界首例十指全断再植手术主持者陆裕朴等高才，然20世纪50年代并入第四军医大学。四度兴废，真如蔡翘老院长所言："从零做起，这几乎像是我命运中注定的事情。"可南大人偏不气馁，1987年再设医学院，为同类型大学之首家，此之谓"四舍五入"。

学院致力于精品式、国际化、研究型之特色，设临床医学和口腔医学两个国家级一流专业，前者已进入全球排名前千分之一。2012年，美国前总统卡特（Jimmy Carter）接受南大名誉博士学位，出席本院附属鼓楼医院建院120周年庆典，并赞鼓楼医院为最好的医院，这在中国上千家三甲医院中似乎也是独一份，此之谓"千里挑一"。

建筑与城市规划学院亦可看作是老树新花型的院系。1927年四中大组建时即有建筑科，中国现代建筑学四大奠基人中，杨廷宝、刘敦桢和童寯三位都先后在学校任教，2011年度国家最高科学技术奖获得者、新中国建筑教育事业的开拓者之一吴良镛亦毕业于中大。院系调整时，建筑系作为工学院组成部分自学校剥离。

其实建筑学为公认之重要艺术形式，与人文艺术学科的关系一样紧密。2000年，学校恢复建筑学科，不到10年便在学科评估中跻身全国前十，体现出综合性大学滋养之深度。2010年，建筑学和城乡与区域规划学整合而建

建筑与城市规划学院专家主持修缮的原荷兰驻华大使馆（侯博文摄）

本院。今日之学院学术力量雄厚（师生俱为一流），国际交流活跃（与剑桥大学、巴黎十二大等建有合作中心），用武之地广泛（光校园内建筑之设计与改造便获不少国内国际奖项）——学校将本院地点放在一艺术气息与美学个性似有所欠缺之楼宇，大概也有考校之意。

工程管理学院于2003年正式建院，其特点一是年轻。所依托学科"管理科学与工程"改革开放后才传入我国，20世纪90年代方始在一些工科高校中开辟。

二是与国民经济关联较为紧密。学院参与了囊括四个

苏通大桥

世界第一的苏通大桥、举世闻名的港珠澳大桥等国家重大基建工程的管理咨询与研究工作,与中国证监会、上海证券交易所、中国金融期货交易所等机构联合开展了中国资本市场研究和政策咨询,并承担了多个重大国防项目,学生就业亦多进入互联网、智能制造、金融、国际贸易、物流供应链和高新科技等行业。

三是活跃。学院师生在学科顶级期刊发文和被引用、在各类创新创业比赛上大获特获各类大奖特奖之成绩,足证学院官方"朝气蓬勃、奋发向上"的自我描述并非吹嘘。爱好人文历史者在本院也可有惊喜发现,金大陈裕光老校长之官邸旧址就位于本院庭落中心。

艺术学院成立于2017年，其源头却早至1906年两江师范监督李瑞清亲设的图画手工科（含音乐课程），是为中国现代正规美术教育之发端。流韵所被，老校长亲传弟子吕凤子、张大千与徐悲鸿、陈之佛、高剑父、吕斯百、吴作人、傅抱石、潘玉良等画坛大师，并马思聪、陈洪、黄友葵、甘涛等乐坛巨匠，共同塑造了学校艺术学科的赫赫声名。

1952年，艺术系随师范学院独立。至20世纪90年代，学校得雕塑领域领军

吴作人校友为校庆80周年所作国画《六朝松》

人才，美术学科又复具气象。今日之学院集艺术史论、美术学、公共艺术教育、艺术创意为一体，更深受综合性大学之惠，为"中国语言文学与艺术"双一流学科之共建单位。溯其渊源，是因为自南高时期起，戏剧戏曲之学便在学校的中文学科里代代相传、花繁果茂，自近代无双的全能型曲学大师吴梅，至各擅胜场、名闻遐迩的三陈（陈中

凡、陈白尘、陈瘦竹），直启当今灵秀。站在当下新的历史起点，学院之发展方略，或可借2000年杨振宁先生为学校雕塑艺术研究所题词所言："艺术与科学的灵魂同是创新。"

仙林校区的陶行知浮雕

教育研究院之设立，可谓不忘初心，因学校本是师范学堂出身。南高时期教务主任陶行知运筹策划的开女禁、办暑期学校、改教授法为教学法等一系列变革，为当时南北高校"双峰对峙、二水分流"之重要推手，后更以"捧着一颗心来，不带半根草去"的精神奉献社会，被毛泽东主席誉为"伟大的人民教育家"。

东大、中大时期，教育（师范）学院仍然举足轻重，两位名列中国近代十大教育家榜的大先生陈鹤琴、厉麟以，两位部聘教授艾伟、常导直（分别代表教育学、心理学）

皆曾任教于此，其涵盖科目一度也全校最广（"两弹一星"功勋奖章获得者、我国空间技术开拓者钱骥即毕业自师范学院物理系）。金大在教育实践上的特色则在其电化教育于全国开展最早、水平最高、成果最大。1952年两校之师范学科合并而独立建校，30年后，学校始又恢复教育学科，历室、所、系而于2009年建院。当年学校便跻身首批15所获得教育博士专业学位授权点的大学之列。2019年，依托本院又成立陶行知教师教育学院，在综合性大学办教师教育方面领国内风气之先，获国家领导人肯定。却说学校不辞劳苦，甘闯这新路所为何来？亦如陶行知先生所言，在"止于人民幸福"耳。

体育部主要从事公共教学，严格来讲不算院系，但仍专列一条，因学校为中国现代体育教育之发祥地，此本不可忘。从学校走出了新中国第一所体育高校华东体育学院（今上海体育学院）创始人吴蕴瑞、原国家奥委会副主席夏翔、中国田径协会原副主席、南京体育学院原院长徐镛等体育教育名家，以及运动健将。

体育文化也一直是本校精神之重要组成部分。当年中大规定有"校声"："中央啦！中央啦！中—央—啦！啦！啦！蓬，勃，澎！蓬，勃，澎！中央大学蓬勃澎！"今人多不明所以，其实这是体育比赛时为学校队加油助威之词，正如金大的"金陵！金陵！滋！蓬砰！"1915年，金大

南大校运动会

足球队在南京小营与向中国投降的德国潜艇水兵队进行足球比赛并胜之,全城约两万人观看,一时盛况空前。金大甚至有足球队专用歌曲,指名道姓地挑战对手。今日学校之体育成绩已远非当年可比,比如南大女排在全国高校联赛中已十数次夺魁,校友中也不乏世界体坛名将乃至冠军,但在校园体育文化之构建方面,不妨博取古今中外之精华。

海外教育学院是全校留学生招生、教育和管理之中枢机构。20世纪20年代的东大暑期班就有朝鲜学员,中大时期有印度、巴基斯坦、土耳其的研究生,甚至汪伪政权在南京所建"中央大学"亦有日本学生,但都只是零星出现。1949年后,学校培养留学生的历史自1955年气象系接收越南学生开始,一度曾年逾百人,"文革"期间中断。

1977年,南大恢复招收留学生,是国内高校培养西方发达国家学生之先导,故今日留学生校友中既有哈佛大学、法国科学院、汉堡大学、墨尔本大学、京都大学等一流学术机构之汉学名家,也有美、日、加、澳等国现任或前任驻华大使、总领事等高级外交官,以及海外政治、外交、媒体、非政府组织甚至军界之若干知名人物,还留下某次全球孔子学院大会之分组会议上,外方院长近一半是南大校友之佳话。而较成名成家更重要的是:数十年来,学校几万留学生校友足迹遍布全世界,为人类文明互通互

南大多国风情展上,来自俄罗斯、乌克兰等国家的学生欢乐共舞

鉴作出了应有的贡献。且听某人陈述如下：在美国了解居家教育的情况，发现全美居家教育协会的会长是南大留学生校友；在法国参加招生展，发现巴黎东方语言学院中文系主任是南大留学生校友；妻子在埃及旅游，发现导游是南大留学生校友；疫情期间为一纪录片而感动，发现日本导演是南大留学生校友；在意大利穿着南大T恤逛街，又有日本游客见了说："南京大姨二姑①，啊……"真是天下谁人不通南。

中美文化研究中心是我国第一个中外合作办学实体，也被认为是"西方在现代中国最早的学术项目之一"②。作为国际高等教育合作的典范，中心正如基辛格博士所说，在促进中美相互了解方面是"一个非常重要的机构"。

1981年，匡亚明校长与美国约翰斯·霍普金斯大学穆勒（Steven Muller）校长英雄所见略同，签约共建此中心，1982年经国务院批复，1986年正式招生。其一年制硕士层次证书项目，由南大在中国、霍大在美国和其他国家各招50名学生，在中心接受双语言、跨学科、高强度的锤炼，充分实现不同文化间的交融互动。此模式至今已培养逾三千子弟、四路英才，名动海内外。某次中美商贸

---

① 经求证，此为"南京大学"一词之日语发音。
② 2023年4月，时任美国财政部长、前美国联邦储备委员会主席耶伦（Janet Yellen）语。

1998年10月美国前总统乔治·布什在中心演讲

谈判正艰难际,双方之首席谈判代表无意间一聊,发现二人均为中心校友,形势遂柳暗花明。当然,这距离"中美双方外交部部长会面,发现都是中心校友"之宏伟愿景还有差距,故中心亦不断努力,2006年又开两年制硕士项目,授两校学位。2023年6月,中心毕业典礼邀请穆勒校长遗孀作为特邀嘉宾。她在演讲中回顾中心建设历程,谈及穆勒坚持一中一外学生搭配共住等听似花边轶闻实为生花妙笔时,众人皆会心一笑;而读到匡亚明致穆勒信中"从天安门广场到自由女神像,中美两国人民的友谊万年长"之句时,老太太不禁热泪盈眶。

第四节　请看石上藤萝碧，正映庭前钟鼓清

此节开始导览校园里以建筑为主要表现形式或载体的诸多人文地标。学校建立以来有多个校区，其中北极阁下之故园，为明代国子监旧址，今已不在校园范围内；西迁时期之旧地，面貌已天翻地覆；苏州校区目前为止还在建设中。所以，关于此三校区只好权且割爱，只介绍鼓楼、浦口、仙林三校区。

鼓楼校区位于南京市中心，系在金大校园旧址上改造拓展而成。其范围大致东界天津路，西界上海路，北界北京西路，南界广州路，中间一条汉口路横贯。光从这路名便可看出学校之大格局，而校内建筑亦正与此大格局相映照。

金陵美苑。1910 年，金大以极低廉价格将鼓楼西南坡名曰"西山"之坟地购下，次年开始设计、建造校舍。一期规划由美国建筑师克尔考里（Cody Crecory）完成，二期规划由美国帕金斯联合建筑师事务所（Perkins, Fellows & Hamilton, Architects）[①]承包并最终完成。建筑材料中屋顶的琉璃瓦及基本土木如墙砖等来自本土（本土到南京城墙用砖），其他则尽数进口自海外（尽数到绿化草种），具体施工机构则是南京的陈明记营造厂（老板为

---

① 完整翻译应为"帕金斯、斐罗司与哈密尔顿建筑师事务所"，含三位主要合伙人之名。此处仍取已成定例之译名。

金陵苑

陈裕光之父）和陶馥记营造厂。金大建校110周年际，学校立碑于旧址，金大校友程千帆教授题字"金陵苑"、戴安邦院士撰碑文。此处至今仍为南大校园内最具代表性和艺术性的区域。

金陵苑位于南京城内高点，地势与鼓楼齐平，为当时南京最高大的建筑，亦体现出鲜明的中西合璧特色。以布局言，四围成院，此中西共有之例；而院中几何规则式绿地、广场，则是西方校园之特色。以建筑言，诸楼皆冠以中国传统式大屋顶，但主体又是西方砖石结构。业内行家或关注其间的"矛盾与误解"，而广大人民群众只有朴实直观的评价"好看"。金陵苑历百年而样貌基本如初，2006年列入国家重点文物保护单位、中国20世纪建筑遗产，经受住了历史的考验。

三院嵯峨

故宫有个三大殿,金陵苑则有个"三院嵯峨",即三大建筑以一居中,二对称分列两侧,是为校园之核心所在。三大建筑之名简单明了,分别是:

北大楼,1919年投入使用,高居金陵苑最北端,把控全局,为学校标志性建筑。其飞檐、画角、勾栏、十字脊、歇山顶等,自是浓郁的民族风格。而于两层主体建筑之中部,耸出五层塔楼,形如凸字,直欲冲霄而去(曾有访客问南大校长是不是在塔楼顶上办公),又是明显的西式钟楼意味。两相结合,别具特色,竟兼得沉稳与独逸之胜,赢得"不见北大楼不算到过南大"之称。当年学校还自美国引进爬山虎,使砖石藤蔓合成刚柔并济之气质。大概得了江南气候之惠,这"洋虎妞"更胜过新英格兰常青藤高校中的同类,今已绵绵如被矣。却说常青藤盟主哈佛大学某专家于2022年推出新著《思想的帝国》(*Empire of Ideas*),分析世界

北大楼

一流大学之建设,举例评判了过去称雄世界的德国高校(柏林大学、柏林自由大学)、现在独领风骚的美国高校(哈佛大学、加州大学伯克利分校、杜克大学)和未来前途无量的中国高校(清华大学、南京大学、香港大学)。此书封面正是北大楼之图片,据作者自己解释,因其外观与内涵均典型地体现了中西文化之结合,更兼楼顶装饰之五角星彰显了当代中国之根本制度,使其成为最能代表中国高校底蕴与特征之标志性建筑。

东大楼

东大楼,落成于1917年,为三院之先。此楼原为金大理学院,虽不比中大之规模宏大,所培养的人才却也如一楼大厅地面上所印的十二星座铜雕那般星光熠熠:王应睐、汪猷与中大校友王德宝合作在世界上首次人工合成结晶牛胰岛素和酵母丙氨酸转移核糖核酸,"荷尔蒙之父"李卓皓首次发现并合成人体生长激素,魏荣爵创建中国第一个声学专业并任南大物理系主任33年(可能是世界纪录),等等。

1959年,东大楼发生火灾,几成废墟。中文系华侨学生陈万里灭火过程中不幸受伤牺牲,时任校长郭影秋自责不已,上书求贬,悲痛中写下"天风吹泪入青冥,化作千条射日弩"之句。学校党委追认陈万里为中共党员,将其安葬于雨花台,郭校长亲撰碑文。当年国庆,东大楼即基本按原貌重建完毕,并顺应地势加高一层,使其檐口与西大楼高度几乎一致。这也是对烈士最好的纪念。

陈万里

西大楼,建于1925年,原为金大农学院。为纪念金大农科创办人、美国人裴义理(Joseph Bailie),曾命名为"裴义理楼"。此名今人多不知,而其学生路易·艾黎则作为伟大的国际友人在中国名闻遐迩。其实,艾黎在中国兴办

雪中的北大楼和西大楼

的著名的培黎学校,不独表"培养黎明"之志,其英文名称正是冠以老师之名。裴氏在华40余年,对中国之农学教育、绿化推广(最早提倡植树节)和慈善事业都作出了杰出贡献。他在课堂上论及列强瓜分中国,竟至哽咽垂泪。有如此德才兼备之士为先驱,金大农学院后来成为国内农学院系之翘楚也是应有之义。20世纪80年代,原中大农学教授、我国现代小麦科学主要奠基人金善宝主编有《中国现代农学家传》,囊括大陆之农学英才54人,其中金大校友达19人;而在台湾地区,沈宗瀚等校友亦为台湾农业现代化和商业化建下历史性功勋。两岸校友几十年后

南京大学校园

老图书馆（今南京大学校史博物馆）

数度重聚于金陵苑，其情其景，也正是"雁字回时，月满西楼"。

金陵苑中其他重要建筑还包括一馆、二堂、三楼、四舍。

"一馆"为老图书馆，现为南京大学校史博物馆。上文之嵯峨三院成三合院结构，南向大开，初期只以一狭长绿化带引至南界园艺场之小水塘，以中国传统眼光看，总觉重轻落差，略有欠妥。此一缺憾随着1937年此馆的建成而得以弥补。老图书馆便在北大楼的正南方，与之共同构成校园的中轴线，"三院嵯峨"洞开之气仿佛于此总结归拢，终于有了照应。此楼地上二层，地下一层，钢筋

"两江师范学堂"石刻

混凝土结构,而冠以中国建筑传统里等级甚高之重檐歇山顶,其状其色皆层次感分明。此馆门前,左有"二源壁",为"两江师范学堂"与"金陵大学堂"之校门石刻题额原件,皆李瑞清所书,今合为一壁两面焉。右有一亭,为纪念"五二〇"运动所建。此布局颇有些"左祖右社"的含义。令人奇怪的是:自金大时期至今就没有人按校园诸建筑命名之惯例称其为"南大楼",仿佛此名早已预留他用似的。纵以南大之科研水平,目前也未能揭示其中之奥妙。

"二堂"之一为大礼堂,在西大楼之南而纵横相望,曾是金大师生礼拜堂,于1920年竣工。此堂之位置,在金陵苑南北轴线之中点,东西轴线之西陲,大门则东向,

大礼堂

如嵯峨三院之拱卫。其外部造型是中国传统的宫殿样式，而内部之平面关系和结构逻辑却是单层大空间的巴西利卡式教堂建筑式样。礼堂体量虽宏，于细部装饰却甚精心，如墙体檐角之花卉、寿字如意纹、蝙蝠等砖雕，内部天棚之仙鹤等彩绘，为刚健之体魄增添了灵性。当年此处为学校唯一可同时举办千人活动之场所，故一些大场面皆安排于此。不过按现在标准，其物理空间已不算很大，早有可取而代之之地。但是，在许多旧时校友心中，懵懂开学于此，孟浪开会于此，蹭政要访问于此，挤名家讲演于此，独自赏先锋话剧于此，携侣观庸俗电影于此，怵惕作业于此，感激毕业于此，总之人生百感沉淀于此，这大礼堂是

小礼堂

最当得一个"大"字的了。

另一堂为小礼堂,当建于1934年,原为小规模宗教集会之用。金大早期一青年教师戴籁三(Paul de Witt Twinem)早逝,其妻戴费马丽(Mary Dorothy Fine Twinem)思之甚笃,捐资建此堂并冠以先夫之名。戴费马丽在学校和南京留下的印记远不止此。全面抗战爆发后,为抗议美国政府之暧昧态度,她写下《一个曾经的西方人给西方的信》(*A Message to the West from a Former Westerner*),放弃美国籍而入中国籍,在金大任教直至1949年。"南京大屠杀"期间她是国际红十字会南京委员会成员,一直协助魏特琳救护难民。小礼堂已处当时金大校园之外，但与金陵苑其他建筑风格类似，总体一望为中国传统式单层建筑（有人说像孙悟空战二郎神时所变小庙）。堂前有牌坊，上挂铜钟一座，后遗失于战乱中。百年校庆时照原貌重修，包括新置铜钟。于是，时有游客好奇拉绳鸣钟，不知教学楼和图书馆就在左近。好在今日学校上下课已不需要敲此钟了。

"三楼"为东南楼、西南楼、东北楼。东南楼在东大楼正南，西南楼与之对称而建，但却在西向甚远，不在金陵苑中，因为对称轴是学校后来新的中轴线。此二楼建于1953年，当时国家经费并不充裕，建筑师与建设者全凭普通木料，构筑出这两栋体量宏大、建筑面积较嵯峨三院大了一倍多的大楼，尤为不易。后来，国家号召节约，公共建筑基本不采用大屋顶，所以有专家称东南楼和西南楼为"大屋顶的绝唱"。东北楼则在东大楼之北，建于1935年，因地势与位置显得低调不彰，连人进去亦多取一砼天桥直进二楼，但其底蕴可非同凡响。此楼曾为金大理学院影音部办公场所。

20世纪三四十年代，金大以理学院院长魏学仁为首、影音部主任孙明经为骨干，力行电化教育，拍摄影片之量与质均冠绝全国。其作品包括世界首部彩色科学教育影片《日蚀》、我国首部国际获奖科教片《农人之春》、首部彩色有声纪录片《民主先锋》、首部体育和美术教育影片

东北楼

西南楼

等，有些拍摄手法与世界先进水平"完全是同一技术层面"[①]。院系调整时，相关人才与资料流入今北京电影学院。现在此楼为南京大学中国社会科学评价中心所在地。该中心推出的中文社会科学引文索引（CSSCI）数据库产品与服务，俗称"C刊"，为全国人文社会科学研究人员心思所念、感慨所系。

孙明经

于此闲绕藤萝之院，藏一名动江湖之所，十分符合学校向来的大隐隐于市之风格。

"四舍"原为金大自1915年至1936年先后建成的四栋学生宿舍楼，皆为中式卷棚硬山顶，较金陵苑其他楼宇之歇山顶在等级上便低了一层。但其名称听来却颇为高大上：依落成时间顺序，分别命名为甲乙楼、丙丁楼、戊己庚楼以及辛壬楼，所以整体又被称为"天干楼宿舍"，有种楼中住客皆为天上下凡之星宿的感觉。有人甚至误读为"天子楼"，也是情有可原。这四栋小楼在金陵苑西北突出部，与西大楼又围成一院，中间仍是草坪绿化带。当年

[①] 张同道、黎煜《被遗忘的辉煌——孙明经与金陵大学教育电影》，载《北京电影学院学报》，2005年第4期，第99-104页。

天干楼

学生回忆,南京至20世纪30年代初亦只一条柏油马路,其他皆黄沙路面,晴飞灰,雨沾泥,而一入校门则碧草如茵、环境优雅,顿觉幸福。今日来校参观之中小学生,闻听此处介绍亦有同感,但侧重点不同。他们说:好幸福啊,上学这么近!

金陵苑之北、东、西三大楼、大礼堂、甲乙楼、丙丁楼之设计者为美国建筑师斐罗司(William Fellows),现场督造为司马(A. G. Small)。又有中国建筑师齐兆昌设计了小礼堂、校门(今已不存)、东北楼、戊己庚楼和辛壬楼,杨廷宝设计了老图书馆、东南楼、西南楼,并于

南京大学正校门

1959 年主持重修了东大楼。

  中轴新线。是校园在中华人民共和国成立后所形成的中轴线,南起今日南大之正校门。校门建于 1959 年,坐北朝南,立面三段,是典型的社会主义建设时期之敦厚实用形态。门楣上雕毛体"南京大学"四个鎏金大字,两侧立柱分列"团结紧张""严肃活泼"八字红色浮雕,本是毛主席为延安抗大的题词,于 1968 年"文化大革命"期间所加。有好几十届的学生毕业照基本于此拍摄,校门之状已深入校友之心。学校曾有改建大门之意,但最后还是决定尊重校友之集体记忆,不做变动。1983 年,时任法国总统密特朗(François Mitterrand)到访南大,便自

鼓楼校区俯瞰

大门步行而入,在此处附近与南大师生之互动颇有突破当时限制处,成为其访华之高潮。

入大门后,西为物理楼,建于1973年;东为图书馆,落成于20世纪80年代初。虽然两栋建筑21世纪都进行了一些改装修饰,但仍可清晰看出它们与学校大门经由同一历史时代所造就之端方四正的类似建筑风格。古人云"格物致知",物理楼正好应了前二字,图书馆自然对着后二字,加上校门,正可解读为做学问入门之道,首先便从这四字箴言起步。这也并非玩弄文字游戏,强求关联,而是有真人版实证:当年图书馆的资深掌门人李小缘教授之胞弟李国鼎,正是对面物理系之毕业生,后被誉为台湾地区"经济发展的建筑师",其半导体产业规划为后来台湾芯片产业成长打下了扎实基础。兄弟二人皆为格物致知、知行合一、应用知识为社会经济发展服务之

教学楼

典范。

自校门起,两排法国梧桐画出林荫大道,直延伸至1964年建成的横亘于新校园中心位置的教学楼。楼主体高四层,立面五段,墙砖棕灰,墙面灰白。教学楼入口之门、阶、廊自大门即可望见,而其两翼则为林木所遮,东翼伸入金陵苑范围,西翼便引带出大操场及一干后世之高层建筑。却说学校教学楼多矣,但在南大鼓楼校区,单提"教学楼"三字,则专指此楼,大概这就叫作历史地位吧。据专业介绍云,此楼"体现了20世纪60年代校园建筑的特点",其整体确实可见苏联式风格的影响,即以宏大的教学楼居于校园之中心位置。其实按照最初设计,此楼还

小平台

要高两层,且为大屋顶结构,无奈经费实在有限而作罢,故只能如现在的介绍所说,在"建筑样式与细部呈现了新民族形式建筑的艺术特色和价值"。

教学楼之地势北高南低。所以,自其二楼北出,却与天干楼之庭院平齐,恰在大礼堂西口。此处在百年校庆时规划建造了一小平台或曰小广场,课间休息时学生可在此交流放松。而平台下之空间,将原大礼堂之休息室、化妆间、设备室等移至此,以恢复大礼堂最早期单一用途之结构,且不影响其现今之多功能。所以,小小不起眼一平台,却是建筑设计上一处妙笔。

平台再北,为学校之"革命烈士纪念碑"。学校一

纪念碑

直有着悠久而光荣的革命传统,自辛亥革命算起,有五四运动之响应启蒙、"五卅"惨案之慰问声援、"九一八"事变之抗议救亡、西迁时期之奋斗图存,有建党初期成立南京第一个党小组、在梅庵举行第二次全国团代会、民主革命时期学生地下党员为信仰而殒身不殆、解放战争时期"五二〇"等学生运动构筑第二条战线、中华人民共和国成立前夕校友曾联松设计五星红旗,直到1949年后参加"西南服务团"献身于边疆解放建设、建设时期为保护公共财产而牺牲、"文革"后期引导四五运动之先声,等等,文风浓郁的同时热血一样沸腾。早在20世纪20年代,中大校园内就曾为因反对北洋军阀而牺牲的两位革命党同学

斗鸡闸

立碑,为全国各大学所仅见。1982年学校再立纪念碑,亦为全国高校校园所罕见。碑正面刻"革命烈士永垂不朽"八个金色大字,背面镌刻学校在不同历史时期的21位烈士姓名,绝大多数为共产党员,同时也未忘上述两位革命党人之名,充分体现了"为了反对内外敌人,争取民族独立和人民自由幸福,在历次斗争中牺牲的人民英雄们永垂不朽"之伟大胸怀。

纪念碑位置在天干楼庭院之南沿,新中轴线乃融于金陵苑。此外,中轴线两侧还有两栋名人故居,它们给中轴线增添了些许不同的意趣。

中轴线西侧有何应钦故居,为米黄色西班牙风格建筑,屋顶却是中式蓝色琉璃瓦,最高处之方亭收以攒尖顶,甚见个性,就像此片地方据称自南北朝起便传下的"斗鸡闸"之名一样,现"斗鸡闸"成为此楼之专称。楼始建于1934年,早期为金大文学院院长陈中凡教授住所,后为国民党高级将领何应钦之公馆。不少影响了中国历史进程的风云人物,如蒋介石、周恩来等,都曾在这里留下身影。小楼抗战期间毁于兵火,据说未毁之前,侵华日军头目冈村宁次亦曾住于此。1945年,何应钦代表中国政府接过冈村宁次所签之投降书不久,又在原址重新建造了宅院,1949年后若干解放军高级将领也先后在此居住。20世纪50年代,"斗鸡闸"归入南大校园,时任党委书记孙叔平晚年每过此处,总禁不住向人介绍当年说服屋主搬迁之艰难过程。这小楼从文人之居,转为武人之宅,终于还复文苑。

中轴线东侧有文怀恩故居,在教学楼东翼与小礼堂之间,系原益智书院校长、金大创始人之一、副校长文怀恩之故居。此楼为一典型美式小型住宅风格,衔接在新中轴线与金陵苑之间,人称"小白楼",在周围之大建筑笼罩下不是很起眼。其实此楼乃校园北园历史最悠久之建筑,建于1911年至1912年间。文氏不幸在1927年的"南京事件"中遇难,此楼后来被辟作多种不同用途,至落成百余年际,与原貌已有一定差别。2019年,由学校建筑与规划学院专家主持,对其进行了修缮和更新,恢复楼表之

文怀恩故居

文怀恩故居副楼改建后

外观原貌，同时维持楼内外之历史沧桑感。尤其是此楼之附楼，为20世纪50年代拆除原附楼而建，美学风格甚不协调，因办公需要暂时又不可拆除。设计师乃以半透明金属网罩笼之而虚化其视觉形象，并新开东立面阳光敞廊，不锈钢拉索交叉形成汉字"文"和英文字母"W"之形状，表达纪念之意。此改造获得英国皇家建筑师学会"20世纪遗产建筑奖"。

由于时代巨变，新中轴线与金陵苑紧连在一起，而建筑风格迥异。应当承认，新中轴线一开始给人的印象与若干后起大学之校园没有太大区分度，但不妨将此视作蕴绝代风华于低调朴素之品格在校园规划上的体现。人们刚入大门，可能会像传说中洪州都督听到《滕王阁序》第一句时那样，感觉不过如此；待进一步深入，见两侧之馆堂，观中央之楼碑时，则如锦绣文章次第铺陈，意味渐浓；而当金陵苑之景象进入眼帘际，那便相当于是"落霞与孤鹜齐飞，秋水共长天一色"之句袭来，谁能不像都督老先生那样拍案而呼：不到园林，怎知春色如许！

第五节　是处英才夺日魄，谁家幽梦诉兰心

鼓楼校区除了金陵苑与中轴线之外，还有一些较易忽略而其实颇值得费一番笔墨之处，此节便为拾掇这些片段而设。多少无言的故居旧物，或见证了前辈光昭日月之事

赛珍珠故居

迹风范,或出现在当年故人游子的思乡梦中。

北园散珠。汉口路将鼓楼校区分为南北两片,北园为教学办公区域,多独立小楼,因北园大部早年本就是校外之居民区,1949年后由于校园拓展而并入南大。其中若干小楼并其他类别之地标建筑,一应概说如下:

赛珍珠故居。此为静处于西南楼西侧背面与平仓巷围墙之间的一栋三层小楼,谁知今日这偏僻角落偏僻屋,竟是诺贝尔文学奖作品产生之所。20世纪20年代,一对美国夫妇,金大农业经济系主任卜凯(John L. Buck)与自小随传教士父母在中国长大的赛珍珠(Pearl S. Buck)入

赛珍珠　　　　　　　　　　电影《大地》宣传海报

住此楼。却说卜凯堪称中国农业经济学之开山，在业界有杰出贡献，但数十年后，卜凯之家人重新被媒体搜寻采访，却是因为赛珍珠 100 周年诞辰；2012 年，学校对此楼进行修缮，克服技术困难恢复其旧貌，定此楼名亦只称"赛珍珠纪念馆"，只因她留下的文学作品。据赛珍珠回忆，做完家务后她便在此楼面对紫金山的窗前写《大地》（*The Good Earth*）。这篇"使西方世界对于人类伟大而重要的组成部分——中国人民有了更多的理解和认同"[1]的长篇小说为她赢得了 1938 年诺贝尔文学奖，也影响了欧美不止一代人对中国的认知。用作者自己的话说，有助于美国

---

[1] 出自诺贝尔文学奖委员会给《大地》的颁奖词。

人民了解和热爱中国人民。直到新旧世纪之交，美国前总统老布什（George Bush）和加拿大前总督约翰斯顿（David Johnston）先后访问南大时，一个专抽时间探访此楼，一个在演讲开篇即强调《大地》对自己中国认知之启蒙，纵是江山故宅空文藻，依然犹吊遗踪一泫然。文学影响人心之力量，可见一斑。

赛珍珠之后，此楼在"南京大屠杀"期间一度成为南京安全区国际委员会成员的居住及办公用房之一，并收容部分难民。1949年后又长期作为南大中文系办公楼，延续了人文本色。中国南派语言学的旗帜、长期担任系主任的方光焘教授20世纪五六十年代在此领导了语言与言语问题的讨论，为中国现代语言学史上一重要事件，也是近世为数不多的南派声势压过北派的学术论辩。

大纛坪。若光从外表看，此处不过是西南楼北高坡上一旗杆

大纛坪今昔

而已，甚而有些锈迹，像金庸笔下的张三丰一样，除较寻常高大些外，并无特异处。但是，若细思量，"纛"本为大旗之意，前面再加以"大"字，仿佛可见命名者反复强调乃至咬牙切齿之状。时为1934年，金大旁建有日本大使馆，馆中忽借地势树一旗杆，使得日本国旗高度压过校园北大楼。金

齐兆昌

大师生不能接受"仇旗高张"，乃踊跃捐款，在大礼堂之南造一新旗杆，由齐兆昌设计，入土5米，高约40米，超过日旗杆约3米，且材质亦胜出一筹，众人方觉出了口恶气。

旗杆立处遂名"大纛坪"，1964年因建教学楼迁至今日所在，并刻石以记。今人或有觉得不必为这等表面文章小题大做者，其实此恬淡之心态很大程度上来自国力强盛所带来的自信心；而国力之强盛，恰恰又是先辈们不能忍、不能让、不蒸馒头争口气的奋斗牺牲所换来的。正如抗战期间，学校中文系大儒、与柳诒徵并称为"南雍双柱"的王伯沆教授，因病滞留南京，乃誓死不向日军屈节，临终前嘱咐家人将自己埋在家中后院，只为避免家人出城送

健忠楼

葬时向站岗日本兵鞠躬。中文系另一位以诗心清越著称的国学大师汪辟疆教授则在大后方写道:"闻君已恨从军迟,欲把樱花踏作泥。"像他们这样的清和儒雅之辈,当时都是这等反应,广大民众之情绪自可想见。此般感受,非有关心之痛,恐难深刻体会。当年先辈在天有灵,听后人那般评价,或许会欣慰一笑,但后人务须深切理解其历史情境,报以足够的钦敬与共情。

健忠楼。此楼正靠着大纛坪之西,赛珍珠故居之北,坐南朝北,面对田径场,外表也无特异,但亦列入南京市重要近现代建筑,因此楼实为北园内落成时间第二早的建筑。原金大化学系主任、理学院院长,美国人唐美森(James Thomson)曾居于此。当年他首先试用并向魏学仁推荐教学影片,乃引动金大电化教育之辉煌。1927年"南京事件"

时，唐氏为士兵所执，凭同事戴安邦教授在枪口下以性命担保而得脱。1980年，在此楼长大的唐氏子女重访南京，特晤戴氏子女以谢救命之恩。唐美森之子后为美国著名的中国问题专家，积极推动中美建交；其女则在九十高龄时出书《我在南京的家》(*My Nanking Home, 1918—1937: A Very Personal Memoir*)，回忆起跨过篱笆到赛珍珠家玫瑰花园等往事，对此楼、此校、此城仍然是满腔生于斯、长于斯的挂念。书中讲述：自小便喜爱这楼门口的一株白玉兰，离开南京后曾多次梦见，不想时隔半个多世纪重返故园，门前的白玉兰居然尤在。虽不免有"树犹如此，人何以堪"之类感慨，但比起赛珍珠晚年欲访中国而不得，心境还是愉悦得多了。白玉兰树今日仍亭亭如盖。

孺子牛铜雕。北园内有不少雕塑，以人物为主，包括故校长陈裕光、顾毓琇、潘菽、匡亚明，著名科学家李四光、竺可桢等，皆出于名家之手。亦有大型艺术装置，如教学楼前小树林里有一大铜鼎，乃学校百年校庆时江苏省政府所赠。而在北园西北角，各式人物雕塑簇拥点缀的田家炳楼门口小广场处，却还有一尊以动物为表现对象的铜塑，名为"孺子牛"。中外以牛为题的雕塑为数不少，多威风凛凛，如华尔街那尊带睥睨天下之牛气、深圳那尊挟开疆拓荒之牛劲，而此处塑造的却是一失蹄之牛。只见整

孺子牛铜雕

个牛身前腿弯曲,势欲下坠,但这牛又不甘心跌下,正昂首而努力向上,用力站起,一副可以摔落但绝不可以衰弱之执拗。观者只会感受到耕耘奉献之牛精神和绝不服输之牛脾气,熟悉校史者更会心有戚戚焉。此雕塑作者为原法国巴黎第三大学著名艺术家熊秉明教授,也是学校数学系创始人熊庆来之子。杨振宁先生评论此作品道:"秉明塑造出 20 世纪几代中国知识分子的自我认识。"

其他历史建筑,还有北园大门口附近的原李四光工作室、中国文学批评史的开拓者之一罗根泽旧居、金银街 2 号和 4 号小楼等,此处便不详细介绍了。

南园精粹。南园主要为生活区,基本上都是宿舍、食堂、超市等配套服务设施,人文历史的印记数量偏少。但

下篇 前程

山楼

少则少矣,质却不逊,有些还是重量级地标。

比如一进南园校门之东侧便有一栋二层西式别墅风格建筑,踏足此间之人物,其历史地位当为此校园各建筑所涉人物之首。楼名"中山楼",2006年被定为南京市文物保护单位,孙中山先生孙女孙穗芳在回忆录中,标记此楼图片为"祖父就任临时大总统职时之官邸"。档案显示,此楼建于1911年,为校园内最老建筑,时屋主为金大两年制师范专科科长蒲洛克(Amasa Bullock)。1913年二次革命期间,南京许多文人被抢一空,"本校蒲洛克君有此,特开师范专科于陶园,并每月津贴学者三元……计得八十一士,可谓盛矣。"[1]蒲洛克之子(后来成为著名科学家、神经行为学创始人之一)证实,南京家中的访客登记簿尚存,上有孙中山及其内阁成员之签名,"中

---

[1] 侯宝璋《二次革命声中之金陵大学》,《金陵光》第4卷第6期,1913年11月。

山楼"之名或来源于此。后续屋主有金大图书馆馆长恒谟(William Hummel),为金大前身汇文书院校长斯图尔(George Stuart)之婿。其后人将家庭档案捐给了斯坦福大学图书馆,内有逾百张此楼旧时照片,从崭新之貌到"南京事件"时遭劫之状俱全。另恒谟之孪生兄是著名汉学家恒慕义(Arthur Hummel),恒慕义之子恒安石曾任美国驻华大使,退休后曾任南大与霍大共建之中美中心的华盛顿咨询委员会主席,这一家子与学校又续上了前缘。其后居住者有中国教师齐兆昌、李方训、余光烺,皆著名教授。

南园东隅又有陶园南楼,在一片人间烟火态里,其屋顶正脊之龙吻、宝瓶,门头之龙纹脊兽,依旧凛然有庄重

陶园南楼

威严气。1930年，金大著名的"中国文化研究所"即设于此。该所实际主事者李小缘招揽不少名家在此从事史学、哲学、目录学、艺术学方面的研究，成果甚丰。如我国现代考古学、文字学大家商承祚便在此利用金大获赠文物以及西迁时地等不可替代的资源与机会，完成了一批代表作，成就楚文化考古鼻祖之名。我国民族学研究的先行者徐益棠在此拉开了金大民族与边疆研究的序幕，助力南京地区成为当时相关研究的中心。该所之尤为宝贵者，在于其宽厚包容之度。所里研究员不限于金大教师，资料亦不对外人封闭，只要学者能为中国文化研究做出成绩，对于回报便不甚萦怀，真是功成不必在我。像抗战后期，研究所就诚邀当时工作未有着落的吕叔湘来此治文法学。至金大成立100周年之际，已是国内语言学领袖的吕老来校，说自己如一春蚕，食桑叶于此所，吐丝却多在外，感激慨叹之情，溢于言表。陶园南楼后改为宿舍之用，旧时名士堂前燕，飞入春烟后学家，其宽厚包容之风范如故。

陶园之西南侧，即正对校园广州路南门处，有一宏大建筑，名曰"八舍"。此楼建于20世纪50年代，原为五层加大屋顶之结构，60年代起逐渐成为女生专用宿舍。90年代增加两层，大屋顶便改成了平顶加围栏。回想当年金大，女生住宿只一文怀恩故居即可容纳，男生唯恐其名声不响，送雅号曰"南宫"。而这八舍历来号称是华东（传

八舍

到外地人耳中时已成亚洲）最大女生楼，倒返璞归真，径称本名，亦丝毫不影响其受关注程度，以及围绕此楼发生的各种故事之精彩。学校男生中广为流传之诗"梧桐苍苍，南园芬芳；所谓佳人，八舍楼上"，可以肯定不是出于中文系人之手，因为韵脚平仄不对。但是，精雕细琢的文采历来不敌饱含生命力的内容，此又一证。2018年再经改造，八舍已成女研究生豪华宿舍楼。此楼西南又有两栋规模相对较小之中式大屋顶建筑，为同时期所建之九舍、十舍，1992年改造成四合庭院式，现为学校南苑宾馆。

在南园——鼓楼校区的最东南一角，便是拉贝故居。

拉贝故居

此楼此院曾经历中国近世之至暗时刻,也见证了人道主义无与伦比之光辉。屋主约翰·拉贝(John Rabe)在2009年中国国际广播电台发起的"中国缘·十大国际友人"评选中高居第二,仅次于白求恩。拉贝先生在"南京大屠杀"期间,以南京安全区国际委员会主席身份拯救无数生命、记存历史铁证之事迹,以及南京市民对其知恩图报之举,已广为人知,无须赘述。当时除拉贝、魏特琳等人外,金大西迁后之一干留守人员在维持金大校区这一当时安全区内最大难民点之运行过程中所展现出的震撼人心的正义心、责任感与勇气,亦不可忘却。

贝德士

如金大历史系主任贝德士（Mines Bates）教授，时以副校长名义留守，是国际委员会的发起者与枢纽，后为南京国际救济委员会之主席。战后谈及当时惨状，贝氏会不禁痛哭流涕，但同时他又能以惊人理智组织对日军暴行的逐日逐人逐事记录。在出席远东国际军事法庭审判时，他舌战辩护律师，证据翔实，逻辑严谨，言语慷慨，慑服众人，坐实了日军南京地区最

南京安全区国际委员会部分委员合影，中立者为拉贝，右三为史迈士。

高指挥官之罪行。

又如金大社会学系主任史迈士（Lewis Smythe）教授，时为安全区国际委员会秘书长，具体经营委员会事务。他主持出版了系列报告《南京地区战争损害》（*War Damage in the Nanking Area, December, 1937 to March, 1938, Urban and Rural Surveys*），为日军暴行之有力证据。金大农艺学系林查理（Charles Riggs）教授，时任国际委员会之住房委员会副主任，据其给妻子的信中所述，他一周内为10万人安排了庇护所，保护中国难民的过程中亦曾尝过日军拳头滋味。

金大之中国籍留守人员则有森林系主任陈嵘教授，他实际扮演了安全区之中方负责人角色。陈氏以留日博士背景，数次冒死出入日本使馆和日军司令部，忍辱负重交涉谈判，致信日本同学请求干预，尽量保护难民。又有工程处兼校产管理处主任齐兆昌

陈嵘

教授，读过前文对金陵苑和大纛坪之介绍者对此名字当不陌生，他时任难民收容所所长。金大难民点收容人数最多时超过3万人，齐氏承担了极为繁重、复杂且危险（其本人险些被日军抓走）的工作。其子承继父业，亦为国内建

难民聚集

筑学界泰斗,是侵华日军南京大屠杀遇难同胞纪念馆第一、第二期工程之设计者。

概言之,当时金大留守人员30余人,并金大附属医院、外国商业机构、在宁教会及其教育机构中的诸多国际友人与同胞志士,虽有时在空前的野蛮暴力下力有不逮,但仍尽力共同维护了安全区这一血海中的生命孤舟,其精神可歌可泣,是人类文明与南京历史之重要遗产。

2003年,时任德国总统劳(Johannes Rau)访问南大,积极推动拉贝故居修缮事宜。2006年10月31日,拉贝故居整修完毕向公众开放,正式名称为"拉贝与国际安全区纪念馆"和"拉贝和平与冲突化解研究交流中心"。次年，德国前总统赫尔佐克（Roman Herzog）到拉贝故居凭吊，见到劳总统照片时，对这位与自己不属同一政治派别之已故同行报以微微一笑。纪念馆与中心的建立，正是对拉贝等中外英灵永垂青史的杰出贡献与伟大精神的最好纪念。

第六节　北浦东林齐卓荦，南雍中国向辉煌

本节介绍学校另外两个校区之人文地标。浦口校区在长江以北，故曰"北浦"，几十年建设已颇成规模；仙林校区在南京之东，故曰"东林"，是学校目前之主体所在，正一派蓬勃气象。新校区之拓展与建设，也是南京大学乃至整个中国高等教育事业随国运兴而事业兴的一个剪影。

南京大学浦口校区校门

浦口校区。此校区于1993年正式投入使用，于今算来已是约10万学子之青春记忆所在。相较市内鼓楼校区，校友回忆起此校区之最深刻印象，一为大，大到可以爬山；二为野，野到不可随便爬山；第三则是青年人的天性经由上述两点所放大增强而释放出的旺盛生命力和充沛自由度。

如果要给浦口校区想一个主题字，莫如"星"字最为适合。试证明如下：

首先，浦口校区之标志性建筑，就是一名为"南京大学星"之雕塑。此雕塑由韩国著名雕塑家金凤九设计，采用白色天然大理石为原料，高16米，跨度15米，非专业人士第一观感颇似《丁丁历险记》中那探月火箭之状，正欲飞向前人不曾到达之域。1958年4月7日，中科院紫金山天文台发现一颗小行星，国际编号"3901"，是为我国早期发现的少数几颗小行星之一，一直珍藏未命名。2002年5月16日，作为庆祝南京大学百年校庆的礼物，特取名为"南京大学星"，同时雕塑揭幕。20多年过去，如今已有18颗小行星以南京大学、南大仙林和南大教师校友命名，此数量在全国高校位居第一。

其次，在旁边山头俯瞰着"南京大学星"的，有一座"百年纪念亭"，地势高耸、远离尘嚣，乃是观星的好去处。此亭外观为双亭连体，亦是百年校庆时所建，当与鼓楼校区之双源壁一个含义。不少学生回忆曾结伴于此看流星雨,却不知"你在亭前看流星雨,名留宇内的明星在亭前看你"。亭前曾立有吴有训老校长塑像,那也是学校和中国近代科学的一颗明星。中国邮政发行有"中国现代科学家"之系列邮票,所录者为中国现代科学界成就最杰出、同时又为新中国建设作出了重大贡献之人物。1988年的首套四张中,有吴有训、竺可桢、李四光三人为南大校友。截至2022年,此系列已发行9套38张,其中16人为学校校友。谁能说于此观星之后生,将来不会是群星邮票的新成员呢?

同时,浦口校区更有"星湖""明湖",不止弥补了

南京大学浦口校区星湖

鼓楼校区没有一方水域的缺憾,亦为青年学子的校园生活平添浪漫氛围。据说1993年,即浦口校区投入使用的那一年,南大本科生某宿舍之联床夜话引发头脑风暴,创出"双十一"之"光棍节",如今已演变成中国原产、世界无敌的消费狂欢日。心理学人士分析,那番夜话多半发生在鼓楼,因为在浦口校区有这荷满星湖、影落明湖的所在,大可不必在宿舍挥霍自己的想象力。

此外,在浦口校区还有一处容易忽略而不可忽略之所,那便是未来明星产生之地八角楼。此八角楼非江西井冈山那曾经照亮中国革命道路的八角楼,而是浦口校区以教室难找著称的教学楼中最为难找的一处。学生百折千绕至此,

从浦口校区八角楼一隅成长而来的仙林校区"匡亚明学院"大楼

多有打游戏终于通关的感觉。曾在此处办公的一家单位，在许多学生心目中大概也相当于游戏中通关提示般的存在，那就是"基础学科教学强化部"。强化部于1989年在原南大少年班基础上成立，其酝酿、启动、发展几乎与浦口校区之建设伴生并行，前期十数届学生基本都是在浦口校区走进学术殿堂之大门。强化部为优秀学生提供宽口径之通识教育，学生从第三年起才逐渐分流至各学科，其免试保送研究生的比例亦大大高于其他院系，实为我国拔尖人才培养的创新之举。

南大有注重教学之传统，对教学创新之重视程度少有其匹，所以获高等教育国家级教学成果奖之成绩位居全国高校首位（截至2022年）也绝非侥幸使然。当年浦口校区本科生有言"三千名学生就有三千张南大课表"，即因为学校倡导完全的课程开放与自由选择。学校首创的"三三制"人才培养方案和专业准入准出机制，为中国高等教育改革开边拓荒之举。从这个角度讲，浦口校区之八角楼也具有照亮一方路径之意义。强化部培养的不少人才今天已成骨干力量或者崭露头角，如群星相继升出地平线，闪耀在中国高等教育人才探索改革之路的上空。2006年，强化部更名为"匡亚明学院"，现在仙林校区有专楼，较当年在八角楼与其他机构共用办公室已不可同日而语。但是，八角楼的灯光，走多远也不应忘记。

南京大学星雕塑

浦口校区百年纪念亭

南京大学仙林校区大门

最后，浦口校区又有一片区域名"启明园"，外貌颇为平常，却是整个浦口校区开始的地方，记录了当年建校区之艰辛。此园其实是校区东南角一小山头，浦园初创时期，只在此有5间小平房作为建设者之指挥部、宿舍、食堂，与周围林野之唯一区别是通电通水。据建设者回忆，只要买方便面就可解决吃饭问题，熬夜工作是经常之事。因周边村落农民均保持早睡之习惯，故太阳落山不久周遭便一片漆黑寂静，偶闻犬吠，唯此山包上灯光闪亮，有时直至通宵。老乡称之为"南大灯""长明灯"。为铭记这战斗岁月，建设者们将此处命名为"启明园"。在学校发展史上，这里就是标志南大新发展阶段的一颗启明之星。

仙林校区。此处现为南大之主校区,洋溢着一片向上之朝气,有些将来或成为标志性之建筑尚在酝酿中,故此节之介绍日后必有待增补。

如果要给仙林校区想一个主题字,似乎"海"字较为适合。

一则其大如海。仙林校区入门中轴线之宽敞宏大,怕是当年设计老校区之先辈不曾想见。自数十米宽之校门起北望,但见林木葱茏,只隐隐露出北端杜厦图书馆之一角,如隔海岬相眺。顺着两条夹着中间宽大绿化带的大道直行,渐上缓坡,忽豁然开朗成一广场,名曰"二源广场"。顾名思义,仍然是不忘来路之意。广场之设置与鼓楼校区旧物多有呼应,比如放在广场中央之鼎与百年校庆时江苏省政府所赠之鼎相呼应,而其原型更为显赫(下文有介绍);广场北缘之旗杆则与大矗坪相呼应。学校 2019 年设立国旗护卫队,于此举行的升旗仪式已成为校园一道新的风景。继大矗坪力压仇旗、曾联松设计五星红旗之后,继续传承着南大人与国旗的缘分。

广场北端又有二石碑横卧,分刻金色"国立中央大学"和"金陵大学"字样,为胡小石先生字体,与鼓楼校区之"二源碑"相呼应。胡小石学问、诗词、书法皆为当时当世一流,他上先秦文学课,随手便在黑板上画出《楚辞》中所述卉草植物样貌,气韵生动,学生皆不忍擦拭。而选

二源广场

二源石碑

其字体不独出于其书法家身份之考虑，还在于：第一，先生与学校的两个前身都有密切关系。他长期任教中大，在中大当选部聘教授；亦曾任金大国学研究班之导师，培养了现代第一女词人沈祖棻等杰出人才，最后在南大终老。第二，鼓楼之"二源碑"为李瑞清校长手书，胡小石正是老校长亲传弟子，而最终成就又青出于蓝。所以，选胡小石先生字体，有传承之旨，有超越之志，有深意焉。

承上正引出仙林校区的第二个特点：其深如海。经小石桥过湖塘水道，才来到图书馆脚下。仙林校区之杜厦图书馆状如一本翻开的大书，而南大图书馆本身起落跌宕之故事，也是一本非常吸引读者的、有挖掘不尽之精彩的

杜厦图书馆

大书。

初时，中大一脉之图书馆饱经沧桑，两江、东大之图书馆，先后遭兵劫火灾，不复存焉。至中大时期收拾河山，重整旗鼓，抗战前夕，方有藏书逾40万册。中、西文善本巨册甚多，如延续134年之《伦敦地理学报》（*Geographical Journal London* 1803—1937）之全套均予购齐。金大图书馆的发展则一直比较平稳，故当时的藏书量较中大亦不遑多让，其中地志类藏书约有2500余部，共24000册，居当时全国图书馆第二位。两校藏书在当时的中国都可称海量。

全面抗战爆发后，情形颠倒了过来。中大因早有准备，及时搬迁，损失相对较小；金大图书则遭惨重劫难，十去其九，一些珍贵特藏如甲骨文藏、美国国会图书馆所印卡片式目录（系1915年旧金山世博会展品，共两套，分赠法国巴黎图书馆学校和金大图书馆）等遗憾丢失。不过也有劫后余生者，如中国文化研究所之海外中国学藏书，收有最早始于1855年的成套西文、日文之东方学、中国学学报30多种，近600大册，另收国外有关中国学术书籍1000多册。抗战西迁，这90多箱书困于兵火，李小缘不得已托付藏于其学生之老乡之岳母家（看这几层关系转的）。藏书地在婺源，去江谦老校长故宅不远。至抗战结束，书籍运回南京，竟未失一本，保存至今。学生名程浦

宋刻本《名公增修标注南史详节》　　明刻本《鹦鹉洲》

云,老乡名吴炼云,正是"云中谁寄锦书来"。二云并那不知名的乡间女士,堪与古人守信讲义之传说相媲美。

至院校调整际,两校图书馆合并为南京大学图书馆,藏书共73万余册。发展至今,图书馆总藏书量已超过600万册,为全国高校藏书最多的图书馆之一。其中古籍线装书近40万册,含善本古籍3000余种、3万余册,不乏存世孤本,在海内独具特色与优势。例如馆藏的敦煌石室所出之唐人写经、金代残叶《云笈七签》等,都是弥足珍贵之精品。更有——

宋版建阳书坊刻本《名公增修标注南史详节》:为南宋理学家吕祖谦所撰,距今已800余年,却墨色如新,亦无虫蛀。明清时期就有"一页宋版,一两黄金"之说,而

福开森

此为一套四册，堪为镇馆之宝。

明刻本《鹦鹉洲》二卷：为明代陈与郊所撰传奇小说改编之剧本，由胡小石捐赠。此刻本距今已400多年，目前所知仅国家图书馆与南大图书馆有藏，而南大藏本的品相更胜一筹：字迹清晰，墨色如漆，尤其书前之18幅版刻插图，细腻逼真，历历在目，艺术水准极为高超。

承上正引来第三条：其富如海。若论文物收藏之富之精，南京大学在国内高校可谓数一数二。这首先得益于汇文书院首任院长、后任金大校董的福开森之捐赠。福氏热爱并通晓中国传统文化，1934年将在华多年收藏之近千件古文物捐与金大，当时暂存故宫文华殿。中华人民共和国成立前后，李小缘率队进京迎回，自文华殿整理得44箱，在福开森之女福梅龄家中又打包装得古物与书籍18箱，满载而归。博物馆其他收藏则来自金大中国文化研究所在长沙和四川考古所得、中大之收集传承、校内出土以及校友等各方人士之捐赠等，共计1万多件。单从文物收藏之角度看，南大在1952年院系调整中可以说是大获丰收。

福开森捐赠中不乏国宝级文物，例如：

小克鼎

周克鼎：1890年，陕西扶风县法门寺任村出土百余件青铜器，其中大鼎1件、小鼎7件，为西周晚期克氏家族一组礼器，故名克鼎，是我国古代青铜器中之精品。今大克鼎藏于上海博物馆，为其镇馆之宝；小克鼎则四散至中国上海、北京、天津等地和日本，南大亦拥其一，为其中最小巧者。鼎内壁有9列8行72字铭文，纹饰亦更加细腻。有此国宝在手，则南大无论是说起"问鼎"之志，还是"扛鼎"之功，自然就较他校更有底气些。前述二源广场之大铜鼎，便是学校110周年校庆时，将此鼎按1∶10比例放

《挑耳图》

大而制成。

《挑耳图》：为南唐画家王齐翰所作之卷轴，是存世极为罕见的（也可能是唯一的）王齐翰真迹，又含苏轼、苏辙、宋徽宗、董其昌等千秋大家的题款，被列为全国为数不多的禁止出国（境）展览的国家一级文物。画中人物坐书案旁挑耳，情态逼真，闲适自然，栩栩如生，古人评"宛然吴道子笔法"。画家更绘一赠一，在人物身后的屏风上又作山水画一幅，董其昌自述从其中看出了唐人遗风。此画"挑耳"之名为苏轼所起，本有戏谑之意。宋徽宗后来改了个文雅的名字叫《勘书图》，结果还是"挑耳"之名流传更广，纵帝王之尊也不能扭转。群众喜闻乐见，那是没有办法的事。

《大观帖》：为书法宗师王羲之墨迹之宋代摹本，亦是宋拓孤本，乃传世碑拓中的珍品。当年宋徽宗命人将内

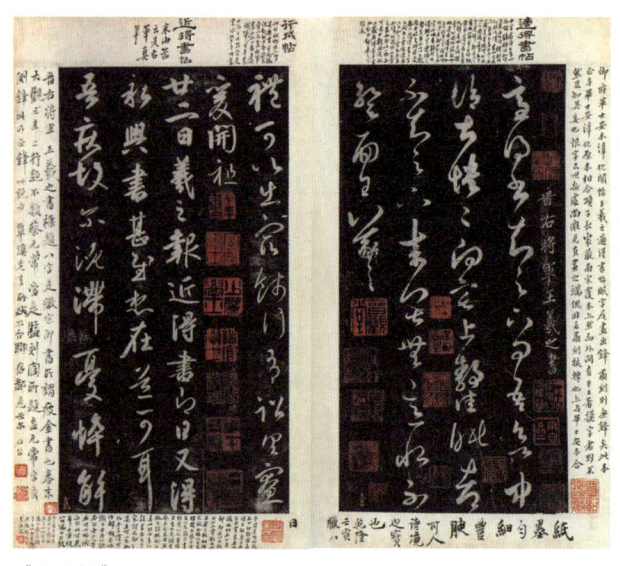

《大观帖》

府珍藏的前代帝王将相书家之墨迹制成十卷刻帖，辗转数百年后流失严重。现故宫博物院和中国历史博物馆均收藏有残卷，而南大所藏为第六卷之大部，计11页27帖，为存帖最多的一卷。此帖上又有金石大师翁方纲等名家之眉批、题跋墨宝，并钤近百方珍贵藏印，被誉为"古代刻帖第一精品"。清中后期重臣祁寯藻得此帖后，将自家收藏之所更名为"观斋"。当年福开森先购得"观斋"之匾额，后向帖主杨寿枢求帖以配。杨氏以"觅一善地永久保存，不使流入异域"为条件将此帖转让。当处国弱民贫之际，

南大鼓楼校区北园东晋大墓出土金饰

杨氏心中把握如何,不得而知,但福开森终究信守了承诺。

其他来源的艺术收藏品再举二例:

东晋金冠饰:此套金饰共4件,出于1972年在学校北大楼后发掘的东晋大墓。墓中发现了一批精美的陶器、瓷器甚至玻璃器皿,而这组金冠饰当时在全国亦属罕见,在学术、鉴赏界皆颇受重视。首先是由于其考究的制作,金冠饰全部由粟粒状小金珠在金丝上焊接而成,这种金珠焊缀工艺之具体做法今已众说纷纭。其次在于4件器物成套,分别为一山形蝉纹金珰,当饰于冠前;一方形兽面纹金冠饰,当在冠后;二山形神人乘龙纹金冠饰,当对称于左右。第三是根据该墓葬规模形制、地点和陪葬物,专家

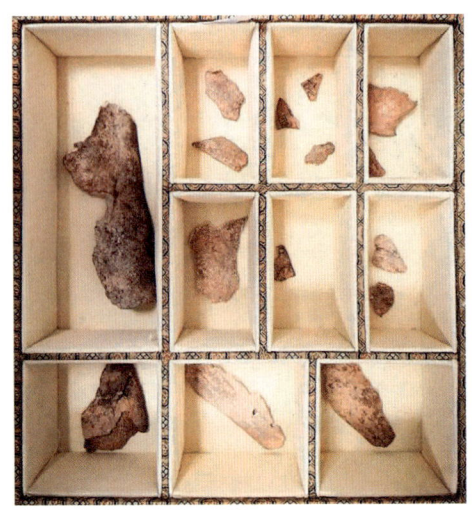

南大馆藏甲骨

判断应为东晋帝陵,墓主可能为东晋开国之晋元帝。如此,则学校校园所在乃是真正意义上的"金陵"了。

馆藏甲骨:南大所藏甲骨共580余片,数量为全国高校第三,其旧主分别为甲骨发现第一人王懿荣、甲骨著录第一人刘鹗、甲骨研究"四堂"之一罗振玉和有"近代联圣"之称的方尔谦。这些甲骨多半是20世纪上半叶原中央大学文学系及史学系征集所得,另有部分是由福开森及刘鹗外孙、金陵大学图书馆员工黄玉瑜捐赠,对于甲骨学及甲骨学史的研究意义重大。而其来源渠道更是代表性地体现了学校馆藏的特点,以及古国文化、故园文脉生生不

学生活动中心

南大民乐团在海外巡演

息的运势。

承上引来第四条：其势如海。这在图书馆西侧的敬文学生活动中心体现得较为典型。设计者为哈佛大学建筑系主任，把这中心外观设计得如扬帆破浪之巨舰，充分体现了冲击视觉的现代主义风格之创造性，而内部则继承了浦口校区某些建筑之迷路主义风格。楼内剧场、报告厅、活动室、排练厅一应俱全，学校上百个学生艺术、体育、学术及各类兴趣社团悉以此为依托。限于篇幅，此处只以南大学生民族乐团为代表。乐团自1996年成立以来，参加各类演出活动近千场次，奉献了千余首民族音乐作品，获奖无数，包括若干国家级重要奖项，堪称南大一张亮丽的名片。乐团曾多次应邀赴海外巡演，足迹遍布五洲，所到之处，以艺术会友，以文化交心；或勾起故园梦，或唤起

香雪海

世界情。校领导为之自豪题词：高山流水知音万里，诚意真情润物无声。

　　承上引来第五条：其美如海。学生活动中心西北向校园深处，还藏着一片由苏州校友会捐建、以苏州名胜"香雪海"为原型的同名（现在的说法叫致敬）园林。在宏大的方块建筑旁，忽有此一方小桥流水、青瓦白墙，便如严谨的交响乐暂时休止，而响起古琴浑然天成之声，让人心神得一休憩。此园以梅为主线，分"梅海""梅诗""流芳"三个景区，包括瑶园、闻梅馆、梅诗廊、松风水月等28处景点。联想起李瑞清老校长"梅庵"之号，可知这

咏曼阁

般设计深含不忘初心来处之意。不过老校长若见今日校园内有这般精致之园林、如此充盈之物质生活,再闻澳大利亚前总理霍克(Bob Hawke)以学校仙林餐厅之宴为访问中国以来最好最舒服的一餐之评语,他那"嚼得菜根,做得大事"之训,不知会视情收回还是立得更坚决?所以,园中又有个"守诺亭",矗立在一条展陈取得重大学术成就校友简介之小径的尽头。此亭之名既是督促南大人坚守使命承诺,又暗表守望诺贝尔奖之意,一语双关而兼容。

承上正引出第六条:其容入海。在仙林校区中部偏北的梅岭、南雍山二小丘交汇处,有一线条简洁、色泽淡雅

2002年5月,加利在南京大学演讲

2010年10月,南京大学授予潘基文名誉博士学位

之建筑依势展开,墙体如绢,墙沿如轴,有水墨江南之韵,为校园新晋网红打卡之地。此建筑名叫咏曼阁,本书撰写之际,有说学校国际合作与交流处将移至此,将来或成为象征南大国际化事业之地标云。

国外有专家言"国际化是中国大学的始(origin)与终(orientation)",此说有一定道理。就"始"而言,早期的中国高等教育,基本都是以洋为师,而本校尤为典型。金大本为美国教会学校,自不必言;中大一脉则在不同时期将各国主要大学模式几乎学了个遍。其中孰优孰劣,功过何如,且留待历史评论。不过有一点很清楚,就"终"而言,今日中国大学的国际化较之当年实际上已经历了一个否定之否定的过程，学校与联合国合作关系之演变就是一个生动案例。

自联合国创建，学校便与之结下不解之缘：《联合国宪章》之中译本即由中大教授杨兆龙完成；而时任金陵女子文理学院校长、后曾任金大副校长的吴贻芳，作为中国代表团成员，成为在宪章上签字的第一位女性。

其时，中国虽为战胜国，社会性质并未有根本改变。尽管按照今日的某些量化指标看，一些大学的国际化程度还相当高，但其实质是西方世界对半殖民地的开发利用，在中国方面则以被动接受为主流。虽则客观上也带来了先进的理念与技术，奈何主动权操于他人之手，属于"被国际所化"。当时学校与联合国之合作形式也主要表现为接受其援助，援助内容包括最新版大英百科全书等外文书籍、农学仪器设备和良种奶牛、工业教育器材等。

但即便当时国力羸弱如许，学校作为中国之顶尖学府，仍然在有限范围内将作用发挥到了极致，体现了文明古国大国之底蕴，包括：郭秉文老校长出任联合国救济总署副署长兼秘书长；中大农学院院长、我国农业高等教育主要奠基人邹秉文出任联合国粮农组织筹委会副主席；畜牧系教授汤逸人亦在其中工作一年；而金大农学院两任院长谢家声、章之汶曾分别出任联合国救济总署农业部主任、联合国粮农组织副总干事等职务。

南京大学联合国职员中文暑期培训班

新中国与联合国关系一度中断，这段时期中国高校之国际化主要表现为与苏联及社会主义阵营国家之合作，在一些人看来只能是"半国际化"了，后来更是到了"去国际化""逆国际化"的境地。毫无疑问这里有宏观决策之失误，对大学发展也造成了巨大损失，但如考虑到革命者脱离旧世界主导势力控制、建设自立自强国家的决绝态度，其中实有壮士断腕、力求新生之发愤。所以，中国重返联合国时，所挟之气场声威与当年全然不可同日而语，使得学校校友亦得以在更广范围、更高层次、更深程度发挥才能。比如：自20世纪70年代至今，有毕季龙（财政系）、谢启美（数学系）、沙祖康（英语系）三位校友担任了联合国副秘书长之职，又有厉声教校友（地理系）成为《联合国海洋法公约》中文文本的主要起草人与定稿人之一，此公约之重要性仅次于《联合国宪章》。

及至改革开放后，随着中国国力不断增强，新时期的国际化也在平等的基础上形成了互尊、互利、互通、互鉴的"互化"格局，学校与联合国的合作亦进入全新阶段。21世纪以来，联合国两任秘书长加利、潘基文先后到访南大并被授予名誉博士学位。自2004年起，南大又开设了联合国职员中文暑期培训班，至新冠疫情之前每年一期不辍，共培训联合国国际职员和外交人员800多人次，成为众多联合国职员学习中文、了解中国的有效平台。因此项目，中文成为联合国六大工作语言中唯一设有赴母语国学习的语种。2023年暑期，联合国职员班成为疫情后恢复的第一批南京大学暑期国际培训项目，再次取得圆满成功。

南大为我国国际交流与合作最活跃的高校之一，上述与联合国之因缘，只可窥见学校以及中国大学不同时期国际化内涵嬗变之一斑。如今，世界面临百年未有之大变局，学校国际化事业之前景，亦如学校整体工作一样海阔天空。概言之：立足南雍，胸怀中国，面向世界；把握当下，不忘初心，着眼未来。

跋

对于一部题名为《南京大学》的书,过去我是无论如何也不敢接、不敢写的。而我去年居然敢接、敢写这本书,最重要的动力是为了完成母亲的作业。

母亲病中曾要求我在她身后给她写篇文章,我理解这是她对我有时不知深浅的舞文弄墨行为的一种带有母爱滤镜的偏心与骄傲。但是,我一直深感愧疚的是:那一刻真正来临之后,我才发现自己完全没有能力完成这一作业。我无法直面那些思绪和回忆,我想倾诉的情感,也并不能超出一名学龄前儿童"妈妈我想你"这一句的表达。

这时,我得到了为"符号江苏·口袋本"丛书撰写《南京大学》的邀约。于是,我没有犹豫,因为我忽然感觉这是我交上母亲所布置作业的微妙机缘。我做不到从心纵情地写母亲,但我可以尽我所能,记录下母校的精彩与温暖,而这种精彩与温暖也正是母亲留给我的感觉。事实上,在撰写过程中,确有一种似可触碰的召唤在驱动震荡着我,给我以极大的充实与平静。

但即便有情怀如此,受能力所限,撰写此书时所遇困难还是不少。衷心感谢南京大学图书馆副馆长、博物馆馆长史梅教授，以及建筑与城市规划学院冷天副教授，教育研究院王运来教授等专家的指点和帮助，感谢南京大学党委宣传部佘治骏老师慷慨提供所拍摄的校园图片，感谢凤凰美术出版社王林军副总编辑的充分信任和李瑶编辑等工作人员的专业支持。南京大学人文社会科学资深教授、秉文书院院长周宪教授专门拨冗为这样一本小书作序，令我备受感动。书中的错讹疏漏，自然一应由作者负责。

谨以此书献给母亲，献给母校。